百姓房产维权问答

BAIXING FANGCHAN WEIQUAN WENDA

刘铁民 / 著

沈阳出版发行集团
沈阳出版社

图书在版编目（CIP）数据

百姓房产维权问答 / 刘铁民著 . —沈阳：沈阳出版社，2017.9（2018.8 重印）
ISBN 978-7-5441-8756-5

Ⅰ . ①百… Ⅱ . ①刘… Ⅲ . ①房地产法—中国—问题解答 Ⅳ . ① D922.385

中国版本图书馆 CIP 数据核字（2017）第 238039 号

出版发行：沈阳出版发行集团|沈阳出版社
（地址：沈阳市沈河区南翰林路 10 号　邮编：110011）
网　　址：http://www.sycbs.com
印　　刷：北京市俊峰印刷厂
幅面尺寸：165mm × 240mm
印　　张：11.5
字　　数：230 千字
出版时间：2017 年 12 月第 1 版
印刷时间：2018 年 8 月第 2 次印刷
选题策划：郑　为
责任编辑：张　晶
封面设计：R润泽文化
版式设计：R润泽文化
责任校对：毕玉良
责任监印：杨　旭

书　　号：ISBN 978-7-5441-8756-5
定　　价：23.00 元

联系电话：024-24112447
E - mail：sy24112447@163.com

序　言

孙先进

居有定所，是自古以来百姓追求幸福生活的最淳朴愿望。随着改革开放步伐的加快，一幢幢高楼大厦拔地而起，人们的居住条件得到了可观的改善。如今，房屋不仅是人们工作和生活的必要条件，也是人们物质财富多寡的一个评判标准，尤其是年轻人婚恋，更是把住房排到首要位置。对于普通市民而言，家里最有经济价值的财产就是房产。于是，各种各样的房产纠纷应运而生，面对千差万别、五花八门的房产纠纷，普及相关法律成为刻不容缓的任务。如何通俗而规范地向人民群众普及相关法律知识，解答百姓身边经常出现的房产问题，维护社会秩序的和谐稳定，既是政府相关部门的重要任务，也是法律工作者关注的话题。抚顺市住房与城乡建设委员会与市住房公积金管理中心就是在这种背景下，和抚顺日报社联合在《抚顺日报》上开辟了“新楼市”专版。《老刘评房说法》就是2014年9月在“新楼市”中推出的普及房地产法律的专栏。现作者集结成册出版，更名为《百姓房产维权问答》。

我是《老刘评房说法》的热心读者，但由于工作生活的忙碌，收集的文章并不全面，当作者把一叠报纸送来请我作序时，我才真正认认真真地通读了几遍。翻阅之后，感到有以下四个特点：1.内容贴近生活。评房是普法栏目，说的是我们身边发生的故事，通过故事介绍一个个法律常识。像《男买房女装修，分手账咋算？》《楼上掉花盆砸车无人负责，车主可起诉全楼业主》《房主不修房，我能拒付租金吗？》等文章，都是我们生活中经常遇到而又说不明白的问题，而作者则从法律规定到案情分析，说得清楚讲得透彻，让人开阔眼界，增长知识。2.及时解答困惑。现在社会上各种信息传播融汇在一起，让人难辨是非，房屋信息更是如此。例如，面对开始颁发不动产证的情况，社会上有人散发了产权证马上就要作废的舆论，弄得人心惶惶。作者及时发表了《房产证即将“下岗”是误读》的文章，把流言蜚语一扫而空。面对商铺土地使用权限即将到期的情况，有的房主心中产生了是否再收土地出让金的顾虑，作者发表了《你家的住宅是七十年的房屋产权吗？》的文章，及时为人们厘清了困惑。3. 敢于面对敏感话题。法律不是包治百病的，许多现实生活中的问题都没有尽善尽美的解决办法，不少答案也在探讨摸索之中。比如小区车辆被刮蹭的问题，一直是有车业主心中悬而未结的困惑，作者适时刊出了《车辆小区被刮，物业是否担责？》的文章，为有车的业主提供了启发。另外，像《我能买某省沿海半岛的海景房吗？》的文章，也给一窝蜂买海景房的人们敲了敲警钟。4. 文风通俗易懂。作者从事房地产纠纷裁决工作近三十年，又是中国法学会会员，并且是抚顺市人大常委会连续三届聘任了十五年的法律咨询委员，应当是个专家型作者。但是，你读本书的文章，丝毫感觉不到法律条文的枯燥难懂，而是像听邻家大叔在讲故事，深入浅出，娓娓道来，十分顺耳，这也是本书拥有广大读者群的重要原因。

虽然作者长期从事房产仲裁工作，又有着比较丰富的房产仲裁法律工作经验，但《百姓房产维权问答》中的意见仅仅是作者个人对法律的理解和认识，并非法律文书，也不是法律教材，其中观点也仅供读者开阔眼界，参考而已。另外，有的观点还可以更加深刻地挖掘或开拓。

这本书是房地产行政主管部门和作者对我市房地产业的一点贡献，对于房地产开发企业及物业公司都有某一方面指导作用，对广大的普通市民特别是中老年人的日常生活有很强的针对性和实用性，对于审判人员、律师、仲裁和公证机构，也都有一定的参考借鉴价值。总之，这是一本值得阅读的好书。

阅读这些文章，似乎看到我市房地产行业日益辉煌的壮丽画卷，好像听到我市房地产法制建设飞速前进的脚步声，随手写下几句感受，以此为序。

（作者系抚顺市人大常委会原副秘书长）

目　录

家人家事篇

买卖租赁篇

物业服务篇

时事新政篇

综合其他篇

家人家事篇

JIAREN JIASHI PIAN

1. 父母中年先后离世，独生子女很难独得父母全部房产

问：我是独生子，现在一家三口居住在市内某地区 72 平方米的楼房套间内。虽然是 20 世纪 90 年代的回迁房，但是对口某重点小学，市场价值近四十万元。产权证是我父亲的名字，我父母前几年先后去世了，产权证并未更名。现在我的孩子快到上学的年龄了，但产权人与孩子不是父子关系，入学很麻烦，我需要办理房屋产权转移手续。有关部门告诉我，要把爷爷奶奶、姥爷姥姥那边很多的亲属都找到，都有个明确的态度才行，因为他们也是这套房屋的继承人。但这对我是个难题，因为有的人在外地，有的人在国外，根本凑不齐。另外我也不明白了，我父母的房屋跟这些亲戚有什么关系呢？请给我讲一讲。

答：你说的这种情况既有普遍性又有特殊性。普遍性是指许多人在父母去世时未及时办理房屋产权转移手续，待有用时才去办理，平添了很多麻烦。特殊性在于你父母先于爷爷奶奶辈去世，这就与一般的爷爷奶奶、父亲母亲按辈分时间去世的情况不同，发生了多次继承的现象，是比较麻烦的。请你把具体情况讲一下，我用文字和图表两个方式给你讲。

问：我父亲 2000 年去世，那年我 14 岁，爷爷奶奶都健在。

答：按《继承法》的有关规定，该房屋属于你父母的夫妻共同财产，你父亲去世后，属于他的那部分房屋系遗产，并发生继承。《继承法》第十条规定：父母、配偶、子女属第一继承顺序，共同参与继承。即你父母房屋遗产的 1/2（下文中的比例均为“父母房屋遗产的比例”的简写）由你爷爷、奶奶、你母亲、你们四个人平均继承，各得 1/8。

问：2004 年，我爷爷去世了，我还有一个姑姑。

答：你爷爷的 1/8 房产作为遗产，由其直系亲属继承。即你奶奶、你姑姑，你三个人平均分配，各得 1/24。

问： 我父亲已经早于我爷爷去世，我怎么还能参与继承呢？

答：《继承法》第十一条规定：被继承人的子女先于被继承人死亡的，由被继承人的子女的晚辈直系血亲代位继承。按这条法律规定，你属于代位继承。

问： 2010 年，我奶奶也去世了，这部分又怎么分呢？

答： 这次是你和姑姑共同继承你奶奶的份额。从你父亲那里继承的 1/8，从你爷爷那继承的 1/24，总计为 4/24，即 1/6。你与姑姑各得 1/12。如图：

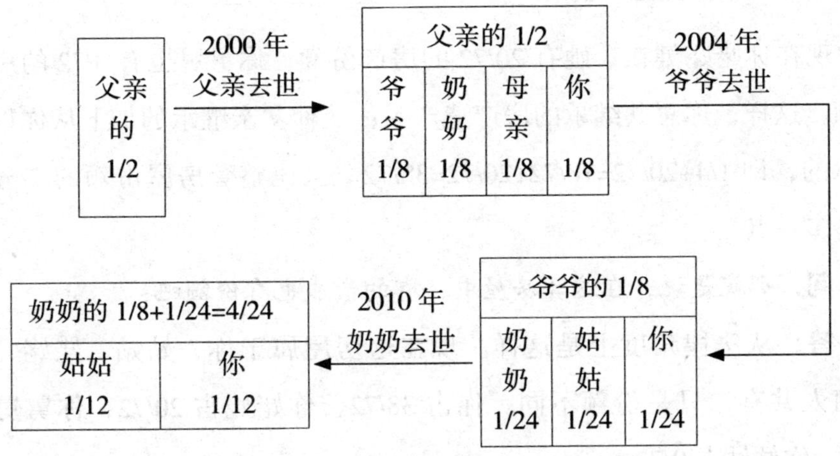

至此，从你父亲那支继承的房屋遗产为 1/8（你父亲的）+1/24（你爷爷的）+1/12（你奶奶的）=1/4。

必须指出，你姑姑还有 1/8 的房产份额。

问： 2005 年我母亲去世了，她的遗产应当怎么分？

答： 在你父亲去世时，你母亲已经得到了你父亲遗产房屋 5/8 的份额，即本身的 1/2 加从你父亲那里继承来的 1/8。而你母亲去世后，她的遗产房屋由你姥爷、姥姥和你三个人继承，即每个人都继承 5/24。

问： 我姥爷是 2012 年去世的，我还有一个舅舅，这应当怎么继承？

答： 你姥爷去世时，属于他的 5/24 遗产房屋应当由你姥姥、你舅舅和你平等继承，（因为你母亲已经去世，你还是代位继承），每人得

5/72。你从母亲这支继承的遗产房屋为5/24+5/72=20/72。如图：

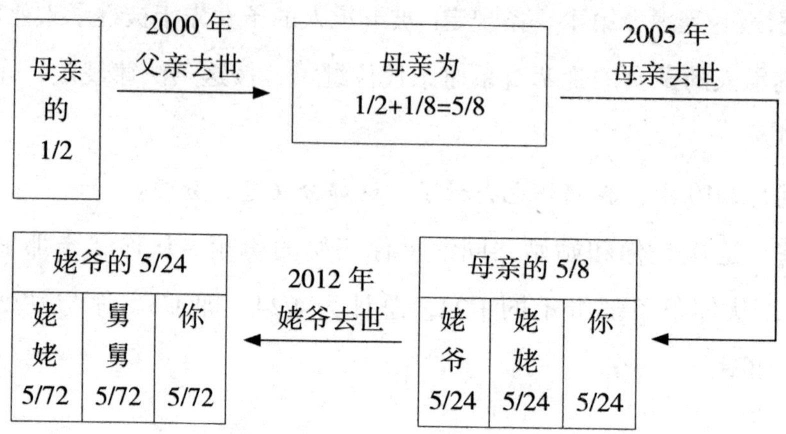

现在你姥姥健在，她有20/72的房产份额，你舅舅也有5/72的房产份额。这样，你总共继承的房产遗产为：从你父亲继承的加上从你母亲继承的，即1/4+20/72=18/72+20/72=38/72。只比整套房屋份额的二分之一略多一点。

问：那就是说，在这套房屋中，有的亲戚也有份额吧？

答：从法律角度上是这样。现在这房屋属于你、姑姑、姥姥、舅舅四人共有，只是份额不同。你占38/72，你姥姥占20/72，你舅舅占5/72，你姑姑占9/72。

你及亲属所占房屋份额图

舅舅 5/72
姑姑 9/72
你 38/72
姥姥 20/72

问：或许从法律上讲，这么继承是正确的，但感情上让人无法接受。应当怎么解决呢？

答：因为拥有房产份额的另外三个人是你实实在在的亲戚，让他们每个人都做一份放弃继承的声明再公证就可以了，估计这事不难办到。

问：虽然我家的情况属于个案，但也绝非空前绝后的唯一案例，怎么做才能防患于未然，不这么麻烦呢？

答：如果你父母中年患病，而且时间较长，并有短时间不能治愈倾向的话，要在神志清醒时立下遗嘱，对遗产进行处理。

问：听说遗嘱有好几种形式，什么遗嘱才最有权威性呢？

答：《继承法》第十七条规定，遗嘱有公证遗嘱、自书遗嘱、代书遗嘱、录音遗嘱、口头遗嘱等五种形式。《最高人民法院关于贯彻执行〈中华人民共和国继承法〉若干问题的意见》第四十二条："遗嘱人以不同形式立有数份内容相抵触的遗嘱，其中有公证遗嘱的，以最后所立公证遗嘱为准；没有公证遗嘱的，以最后所立的遗嘱为准。"应当指出，如果被继承人在头脑清醒时就立下遗嘱，对属于自己的财产进行分配，并进行公证，那就不会给子女继承带来这么多麻烦。另外，如果子女已经继承了遗产，最好尽早办理过户手续，以免房产被二次继承后产生更多继承人，在公证环节遇到不必要的麻烦。

2. 怎样写赡养老人和遗产分配的“家庭会议决定”？

问：我家四个孩子，我是老大，下边还有两个弟弟一个妹妹，父母拉扯四个孩子非常辛苦。现在父母到了时刻都需要人照顾的时候。怎么照顾老人，照顾老人与财产及房子有什么关系，这是很多家庭当前面临的实际问题。关于我们家遇到的问题，想听听你的意见。

答：请你说得具体一些。

问：我父母以前单独生活。2010 年母亲去世之后，我们兄妹四人做出了一个“家庭会议决定”：1. 老父亲的日常生活由我这个大哥负责照顾，父亲的工资卡由我支配，父亲看病费用支出也以我为主。2. 为照顾方便，我住进老父亲家。3. 老父亲百年之后，父母的房屋归我一个人所有。这个会议决定由我执笔书写，其余的弟弟和妹妹也都没有意见，并且都签名摁了手印。

答：开这个会议有外人在场吗？老父亲头脑是否清醒？老父亲的房屋是什么时间取得的？

问：当时老父亲头脑十分清醒，对这个会议决定表示同意，但并未在上面签字。当时就我父亲和兄妹四人，因为这样的事也不便让外人参加。房子是父母一直居住的，因为我住房紧张，而且退休了有时间照顾老人，所以大伙才同意把父母的房子给我。签订决议之后，我和老伴就搬进老父亲家居住，照顾老人的日常生活达七年之久。上个月老人病逝了。办完丧事之后，我提出要办理产权过户手续，可有的弟弟不同意了，这该怎么办？

答：首先要确定“家庭会议决定”的性质。这是一份子女赡养老人和老人遗嘱的综合材料，这样的协议在城镇多子女家庭中比较普遍。《老年人权益保障法》第二十条规定：“经老年人同意，赡养人之间可以就履行赡养义务签订协议，赡养协议的内容不得违反法律的规定和老年人的意愿。”签订协议必须充分尊重老人的意见，老人愿意随哪个子女生活，子女不得拒绝。许多家庭都把履行赡养义务和老人遗产分配结合起来，并且起草了一份文字材料来证明真实，像你们的家庭会议决定那样。这样的决定只要不违反法律规定，不侵害老人合法权益，老人同意，倒也无可厚非。应当注意的是，赡养老人时间多少可以因各子女家庭情况而定，子女也可以放弃继承权不要房屋，但不能因此免除子女赡养老人的法定义务。现在你们的家庭会议决定有瑕疵，致使决定的内容难以落实。

问： 这个决定是我们四个子女都签字同意的，老人也表示同意，怎么内容难以落实呢？

答： 就是决定中关于老人房屋的分配条款。这实质是老人的遗嘱，这当中存在瑕疵。首先，房屋系老两口的夫妻共同财产，老人遗嘱只能处分房屋中属于自己的份额，即 6/10，而你们兄妹四人，每人都有该房屋 1/10 的份额，老父亲在遗嘱中处分了房屋的全部不妥。其次，由你执笔的决定属代书遗嘱。《继承法》第十七条第三款规定：“代书遗嘱应当有两个以上见证人在场见证，由其中一人代书，注明年、月、日，并由代书人、其他见证人和遗嘱人签名。”对照法律规定，你们的家庭会议决定没有见证人。老人虽然当时头脑清醒并同意，但并未在决定上签字。上述问题决定了你无法落实决定的内容。

问： 那我应当怎么办？

答： 跟弟弟妹妹讲清道理，协商解决，实在协商不成就得走法律程序。

问： 怎样写类似于赡养老人和遗产分配的综合性材料？

答： 至少有以下五点：1. 全面落实《继承法》第十七条第三款规定，每一项都不能忽略。2. 立遗嘱时老人头脑清醒并签名同意。3. 如果立遗嘱时只剩一位老人了，遗嘱中必须把去世的老人的房产份额怎么处分说明白。4. 所有法定继承人都应当签字。5. 两个见证人必须与继承人没有利害关系，而且年龄不能太大，否则立遗嘱的老人尚在，而见证人却先去世了，那就很麻烦。

3. 早已结婚生子，父母买房能只给我自己吗?

问：在我们的生活中，经常发生老两口拿钱买房声称只给自己已结婚子女的事，结果引发小两口的不和甚至激烈的争吵。最近听说修改了婚姻法，房子可以只给一方了，这让许多人都不理解，媒体和网络上还在相当长的时间内，发表了非常对立的两种意见，其涉及面之广泛，对立程度之激烈，都是这几年罕见的。我本人就遇到了这样的问题。我结婚后一直跟父母一起生活，二室一厅的房子，开始还住得开，自去年有孩子后，就显得比较拥挤。为此，父母要拿钱买套房子，并且说只给我自己。请问，这样做可以吗?

答：可以的。当前社会上的高房价和持续增长的离婚率是并存的。对于大多数人来说，父母为子女购房倾注了毕生的积蓄，作为父母，担心因子女离异而导致家庭财产流失一半的顾忌也是有道理的。

问：为什么有道理呢? 按照婚姻法的规定，男女双方结婚之后取得的财产不是夫妻共同财产，两人应当共同拥有吗?

答：以前的婚姻法是这样规定的，但 2001 年 4 月 28 日，颁布了修改后的《婚姻法》。修改后的《婚姻法》明确地在这方面做出了新的规定，其中第十八条第三款规定："遗嘱或赠与合同中确定只归夫或妻一方的财产"，"为婚姻内夫妻一方的财产。"这个法条规定了第三方可以给在婚姻存续期间男女双方一方独得个人财产的两种情况，一是生前遗嘱，二是赠与合同，这两条强调的都是受赠对象必须明确。遗憾的是，这个法条始终未引起人们的重视，许多父母为已结婚的子女买房还是出现了一些纠纷，并且此起彼伏，争议不断。

问：是呀，我们都没听说过婚姻法有这样的规定。

答：为了使修改后的婚姻法能得到完整的落实，最高人民法院于

2011年8月9日颁布了《〈婚姻法〉司法解释（三）》，其中第七条就旗帜鲜明地规定："婚后由一方父母出资为子女购买的不动产，产权登记在出资人子女名下的，可按照婚姻法第十八条第三项的规定，视为只对自己子女一方的赠与，该不动产应认定为夫妻一方个人的财产。"按照这个规定，父母给已婚的自己子女买房并让其独自拥有所有权应当具备三个要件：1. 父母出全部购房款。2. 父母明确表示买的房屋只给其子女一人。3. 产权证只登记为其子女，没有其子女的配偶与之"共有"的字样。这样，你父母出资买的房子，只要明确只给你个人的，并且产权证上只登记你自己的名字，就可以视为只属于你自己，成为你的个人财产了。如果你还有点不放心，建议你和父母签订一个房屋赠与合同，并到公证处进行公证。另外需要提醒的是，在你办理这些事情时，最好不要偷偷摸摸的，应当如实全部告诉你的妻子，并取得她的理解。

问：如果房子是双方父母共同出资的呢？

答：这个司法解释还规定："由双方父母出资购买的不动产，产权登记在一方子女名下的，该不动产可以认定为双方按照各自父母的出资份额共有，但当事人另有约定的除外"。

问：女方父母给自己结婚的女儿买房也是这样吗？

答：男女平等，都是一样的。

问：通过你这么一讲，我明白了不少，但是接受需要过程，也需要时间。你对读者还有什么忠告吗？

答：虽然《〈婚姻法〉司法解释（三）》已经颁布好几年了，由此引发的争议至今也尚未完全平息，但它向人们传递的法律维护的主流婚恋观已经为更多的青年人所接受。社会上少数人那种以婚姻为跳板，不断诈取对方财产的行为正在受到社会的指责、鄙视，而以感情为基础的婚恋观正在逐步地树立起来，这就是《〈婚姻法〉司法解释（三）》颁布的重大意义。

4. 男买房女装修，分手账咋算？

问：我和男友三个月前分手了，房子是他三年前花 43 万元买的，98.53 平方米，开发公司交付的房屋是清水房，我出了 9 万元进行了豪华装修，然后我们同居了一段时间。同居的这段时间让我们更加了解了对方，也产生了矛盾，最后走到了无可挽回的分手地步。现在的问题是，虽然都同意分手，但围绕房子装修这个账怎么算的问题，我们还是产生了分歧。我前男友说不给钱，我可以拆除装修，这个风格他还不喜欢呢。我认为通过装修使房子增值了，由于还未发产权证，我也应当是产权共有人，房屋所有权也有我的份额。这样我们各执一词，吵了几个月也没有结果，您说怎么办？

答：现在开发企业出售的商品房大多都是清水房。你前男友的房屋通过你花 9 万元的装修，使清水房这一半成品房变成了可以拎包入住的成品房，不但具有了实用性，而且市场价值也有了一定的提高。按照“最高人民法院《关于贯彻 < 民法通则 > 若干问题意见（试行）》”第八十六条规定：“非产权人在使用他人的财产上增添附属物，财产所有人同意增添，在财产返还时附属物如何处理，没有约定又协商不成，能够拆除的，可以责令拆除，也可以折价归财产所有人。”按照这个规定的精神，拆除房屋装修不符合经济合理的原则，应当以折价补偿为宜。

问：这个我前男友也承认，但在如何计算装修费用的问题上，还是无法达成统一意见，这该怎么解决？

答：你前男友“不给费用，要不你可以拆除”的说法是不讲道理的。解决办法可以按以下步骤进行：一、确认房屋现在的市场价值，如果双方不能达成一致意见，可以找有资质的房地产价格评估公司确定房屋现在的市场价值。二、据此算出房屋这几年的增值比例。三、按增值比例确定现在装修这套房屋需要的费用。

问：我不但对房屋进行了装修，还与前男友在这房屋同居了一段时间，那么是否可以给我部分产权份额来冲抵青春补偿费呢？如果前男友不同意，我能否通过法律途径达到目的？

答：《民法通则》第七十二条规定："财产所有权的取得，不得违反法律规定"，从所有权的角度来看，对清水房的装修并不具备《合同法》《物权法》等法律规定的取得不动产所有权的要件，只是增值而已。这就是说，虽然你花了 9 万元进行了豪华装修，但你仍然没有资格取得房屋产权的份额。另外，非婚同居的生活方式是男女双方当事人对自己生活状态的选择，法律不予强加干涉。但是，我国法律亦未明确同居男女据此既为一家人身份，所以也不支持同居一方要求另一方补偿青春费用的主张，有关部门也不能支持你主张部分产权的请求。还是双方都冷静下来，协商解决问题吧。至于你出的装修费用，法律没有明确规定，业内争论颇多。我个人认为，还是应当以装修发票或收据为准，与你前男友协商解决，如果有可能的话，可以比照离婚夫妻在财产分配上照顾女方的原则，适当多给一点。

问：如果协商不成怎么办？

答：那就只能走法律程序了。

5. 爷爷能把房屋直接给孙子吗？

问：我们老两口都八十多岁了，身体经常有病，所以处理身后事也就提到日程上来。我有三个女儿一个儿子，大部分家庭条件都不错，只有小儿子让我不放心。小儿子两口子都下岗了，生活有些困难，我唯一的孙子身体还有点残疾，从小就在我们家生活，对我们很孝顺，也和我们感情很好。现在这个孙子都二十多岁了，没有稳定工作，将来肯定也不具备靠自己的能力买房结婚的条件。基于以上的情况，我们想在百年之后，把房子留给孙子，但现在我们还不想让其他孩子知道，这事应当怎么办呢？

答：在一般情况下，老年人去世后的遗产都应当按照《继承法》的规定平均分给第一顺序继承人，按照你们家的情况，房屋也应当和其他遗产一样，由你的四个孩子均等分配。你的孙子不是《继承法》规定的第一顺序继承人，你要想跳过第一顺序继承人的四个子女把房子直接给孙子，就得另辟蹊径。按照现行的房产政策，只有买卖、赠与和遗赠三条道路可走。

问：有关房屋买卖和房屋赠与，我都问明白怎么办了。问题是这两种情况都是在我活着的时候运作的，万一这四个孩子中有不同意跟我闹的，那不得把我气死呀。我就是想找一种既能把房屋给孙子，又能在我死后他们才能知道但已经落实的两全其美的办法。

答：这个办法就是现在办理房屋遗赠手续。

问：什么叫遗赠呢？

答：遗赠是公民以遗嘱方式将个人财产赠给国家、集体或者法定继承人以外的人，但是却在其死亡时发生法律效力的民事行为。立遗嘱的公民为遗赠人，接受遗赠的人为受遗赠人。在本案中，你们老两口可以立下遗嘱，明确在百年之后把房屋给孙子，这个孙子就是法定继承人以外的个人，当然也可以给国家、集体或其他没有一丁点血缘关系或亲属关系的外人。

问： 那我们怎样立遗赠呢？

答： 首先，按照司法部、建设部 1991 年 8 月联合通知的规定：立遗赠人必须本人亲自到公证处对遗赠的内容进行公证，一是证明意思表示真实，二是证明当时头脑清醒，系有完全民事行为能力的人，符合公证的要求。其次，明确遗赠执行人。因为遗赠有别于一般的遗产继承，不是将遗产给法定继承人，所以必须明确遗赠执行人。对于遗赠执行人有两条限制，一是不得由法定继承人担任，二是不得由利害关系人担任，其目的是日后落实遗赠行为的及时和公正。再次，受遗赠人应在法律规定期限内有明确的态度。《继承法》第二十五条：“受遗赠人应当在知道受遗赠后两个月内，做出接受或者放弃受赠的表示。到期没有表示的，视为放弃受遗赠。”以上三点是遗赠人实施遗赠行为的必经程序，做到以上三点，就可以保证在百年之后，实现你把房屋直接给孙子的愿望。

问： 那我什么时间立遗赠合适呢？

答： 在你们拿定主意之后，趁现在身体健康，意识清楚，马上就办！这当中也有两点是必须强调的：一、办完之后不能声张，否则有的法定继承人知道后也许会节外生枝，那就失去了意义。二、以后绝对不能再立关于房屋的其他遗嘱。最高法院司法解释规定，遗嘱人以不同形式立有数份内容相抵触的遗嘱，其中有公证遗嘱的，以最后所立公证遗嘱为准；没有公证遗嘱的，以最后所立的遗嘱为准。以上两点就是你完成遗赠行为之后，能够平静地走完最后人生道路的重要条件。

6. 丈夫瞒着妻子卖房，第三人善意买房有效

问：我前些日子到深圳女儿家去了，回来后发现，我们家的另一套住房被我丈夫背着我擅自卖给了王某。我认为，那套房子是我们夫妻的共同财产，他没有权利一个人处分。我丈夫说，产权证就他一个人的名字，是他的个人财产，他有权利卖房。买房人王某说："卖房信息是你丈夫在网上发布的，买房时我不知道是你们夫妻共同财产。"现在王某不但实际入住，而且早已办完了产权证。这套房我另有用途，你说我还能要回来吗？

答：再具体讲讲你们的婚姻和房屋情况。

问：我们是1988年结婚的，我爱人单位1993年分给我们这套房屋，原来是公房，1997年参加的房改，产权证是我丈夫一个人的名字。我们在那里生活了13年，2006年又买了现在的住房。那房子原来借给亲戚暂住，后来就闲置了。房子面积六十多平方米，朝向、楼层都不错，我认为卖得还可以，就是市场价格。

答：听完你的介绍，我个人认为，即使通过法律手段，你也不一定能要回房屋。

问：这房屋是我们婚姻内取得，属夫妻共同财产，是两个人共同所有的，我丈夫单独处分本身就不对，为什么要不回来？

答：虽然出卖的房屋是你们夫妻共同财产，丈夫无权擅自处分，但面对房屋已经卖出的事实，《物权法》第九章也有不动产或动产"所有权取得的特别规定"的条款，按照《物权法》的这条规定，第三人善意取得有效。

问：请您具体讲讲好吗？

答：善意取得是我国民事活动中的重要法律制度。《物权法》第

一百〇六条规定：无处分权人处分动产或者不动产的，产权人有权追回，但“符合下列情形的，受让人取得该不动产或者动产所有权：1. 受让人受让该不动产或者动产时是善意的；2. 以合理的价格转让；3. 转让的不动产或者动产依照法律规定应当登记的已经登记，不需要登记的已经交付给受让人。”这就是构成第三人善意取得的三个要件。依照法律规定，结合本案情况，买房人王某完全符合第三人善意取得具备的这些要件：第一、无恶意串通和不知情均属善意范畴。因为产权证是你丈夫的名字，备注上又没有和你共同所有的字样，所以买房人王某有理由相信该房是你丈夫的个人财产，他有处分的权利。第二、刚才你承认该房的交易就是市场价格，说明是合理的价格转让。第三、王某现在不但实际入住，而且办完了产权过户手续即物权转移已经登记。根据上述事实，你很难要回王某已经购买的房屋。

问：这件事就这么完事了吗？

答：《物权法》第一百〇六条还规定：“受让人依照前款规定取得不动产或动产所有权的，原所有权人有权向无处分权人请求赔偿损失。”对照这条规定，如果是其他人卖了这套房屋，你可以请求赔偿损失。对于你来说，只能这样了，回家和你丈夫再沟通沟通吧。

7. 儿子不养我，我能把给他的房子要回来吗？

问：我们老两口就一个独生子，2010 年给他结婚买的婚房，全是我们出的钱。2012 年他又向我们提出了一个非常无理的要求，我没答应他，他说不答应就断绝父子关系。从那以后，他就没来看过我们，不接电话，也不让我们看孙子，上他们家去也不开门。两年多了，快把我们逼疯了，这哪是儿子呀！断绝关系我也不怕，但我得把给他的房子要回来，你看行不行？

答：儿子结婚，父母买房这种现象比较普遍，充分体现了当今社会老年人对子女的关爱。这种行为在法律上已经构成了赠与关系，你是赠与人，你儿子是受赠人，房屋是赠与的客体。《民法通则》七十二条规定："财产所有权的取得，不得违反法律规定"，这就是说，即便是你出资给儿子买房，也应当符合法律所规定的实质要件和形式要件。《最高人民法院〈关于贯彻执行（中华人民共和国民法通则）若干问题的意见（试行）〉》第一百二十八条规定："公民之间赠与关系的成立，以赠与物的交付为准。赠与房屋，如根据书面合同办理了过户手续的，应当认定赠与关系成立；未办理过户手续的，但赠与人根据书面赠与合同已将产权证书交与受赠人，受赠人根据赠与合同已占有、使用该房屋的，可以认定赠与有效，但应责令其补办过户手续"。根据你说的情况，你儿子在你出资买的房子中居住使用多年，又取得了房屋所有权证书，应当说在赠与的实质内容和形式上都符合法律规定，你们之间的赠与行为已经完成，一般情况是不应当要回来的。

问：那还有没有其他的方法把房子要回来呢？

答：法律上有赠与人向受赠人行使撤销权的规定，但怎样行使撤销权，法律规定得清清楚楚。《合同法》第一百九十二条规定："受赠人有下列情形之一的，赠与人可以撤销赠与：（一）严重侵害赠与人或者赠与人的近亲属；（二）对赠与人有扶养义务而不履行；（三）不履行赠与合同约定的义务。赠与人的撤销权，自知道或者应当知道撤销原因之日起一年内行使。”因为赠与合同成立的前提大部分是赠与人和受赠人之间存在着比较深厚的感情基础，所以这条规定可以撤销的三种情形都与受赠人侵害赠与人利益有关，如果基础没有了，整个赠与合同的存在也就没有了意义。

问：那我儿子不养我的行为就属于赠与人可以向受赠人行使撤销权的第二种情况吧，即对赠与人有扶养义务而不履行的情形，那我怎样才能行使赠与撤销权呢？

答：这是不可以的。《合同法》的这条是法定撤销权，只有受赠人出现上述三种情形之一时赠与人才可行使撤销权，这和严格要求履行的其他合同还是有很大区别的，所以法律规定了即使受赠人出现了上述情况，撤销权也只能在一年内行使。这种既惩治了少数侵害赠与人利益的受赠人，又不提倡随意行使法定撤销权的规定，是我国融情于法中的体现。针对你说的情况，从法律层面讲，虽然你儿子的做法是不对的，但不能构成《合同法》规定的可以撤销赠与合同的“有扶养义务而不履行”的行为要件，另外时间上也早已超过了一年的撤销时限。从构建和谐社会的角度看，我们也不支持你用这种过激的方法解决和你儿子的矛盾，所以你最好不要跟儿子提要回你给他的房子，还是想点积极的办法和你儿子沟通缓和矛盾吧。

8. 弟弟，你不能独得房屋补偿款

问： 这几年来，大规模的旧城市拆迁改造有力地改善了市民的居住条件，老百姓欢欣鼓舞。但这里面也发生了一些纠纷和争议，出现了一些不和谐的声音。

答： 在旧城区拆迁改造中，出现的纠纷基本有两大类型：一类是开发企业和被动迁户的纠纷，虽然麻烦点，但毕竟有相关的法律法规为标准，解决还是有所遵循的。另一类是被动迁户家庭成员发生了变故，其他家庭成员对动迁后的财产权益的认识不尽相同，从而发生矛盾，由于各家情况不同，法律法规的规定又分类复杂，导致安置房屋或补偿款长期不能处理，影响城市改造工作的正常进行，也影响了社会的和谐。

问： 今天向您咨询一件在动迁中家庭成员去世，家庭内部为补偿款分配发生纠纷的事，我们认为是比较有代表性的。

答： 好吧。

问： 我们兄弟姐妹一共六人，父亲在十年前去世。之后，我母亲买了我弟弟的一个旧楼房单间并搬进去独自生活。但房屋未办理产权过户手续，产权证还是我弟弟的名字。今年6月，我母亲去世。我们兄妹六人为这个房屋怎么分配产生了矛盾。恰在此时，这个房屋动迁，开发商给了全额补偿款二十多万元。由于产权证是我弟弟的名字，他就拿着产权证领回了全部补偿款并且不想分给大家。他的理由是：虽然母亲买了这间房子，但产权证没有更名，房子是谁的就看产权证，他是房主，所以有领补偿款的权利。看在一奶同胞的份上，给我们点是情分，不给是本分。我们兄妹五人都很气愤，但也没有充足理由反驳他，您说怎么办？

答： 在一般情况下，房子是谁的就看产权证是对的，但也有特殊情况。在这个纠纷中，虽然老母亲买了房子却未办理产权过户手续，只是未取得物权，是房屋买卖合同未履行完结。《物权法》第十五条规定："当事人之间订立有关设立、变更、转让和消灭不动产物权的合同，除法律另有规定或者合同另有约定外，自合同成立时生效；未办理物权登记的，不影响合同效力。"按照物权法的这条规定，这个买卖行为具有法律效力。

问：就算这个房屋买卖行为具有法律效力，但我弟弟就是不去履行，我们总不能逼着他去办理房屋交易手续吧？更何况我母亲已经去世了呢。

答：《合同法》第一百三十六条规定："出卖人应当按照约定或者交易习惯向买受人交付提取标的物单证以外的有关单证和资料。"按照这条法律，你弟弟作为房屋的出卖人，有配合你母亲办理产权过户手续的义务。如果你弟弟死活不去，在一般情况下，你母亲可以到人民法院提起诉讼，胜诉后拿着法律文书独自去办理产权过户手续了。

问：现在老母亲去世了，那房屋产权证仍然是我弟弟的名字，是不是房屋所有权归他一个人所有呢？

答：1987年6月，最高人民法院就广东省高级法院呈报的类似案件做出了"最高人民法院关于父母房屋遗产由兄弟一人领取了房屋产权证并视为发生纠纷应如何处理的批复"（民他字〔1987〕第16号），该批复件认定，父母的房屋遗产由兄弟姐妹共有，其中以个人名义领取的产权证，可视为房屋共有人的代表取得的产权证明。这就是说，在你老母亲去世之后，这间房屋作为你母亲的遗产应当由你们兄弟姐妹六人共同继承，产权证虽然是你弟弟一个人的名字，但也只不过是你们六个人共同产权人的代表人而已。那间房屋二十多万元的房屋补偿款，也应当是你母亲的遗产，由你们兄弟姐妹六人共同继承。

9. 同居十几年，也不能在对方死后继承其房产

问：1998 年，我母亲因不堪忍受我父亲的酗酒和家庭暴力，独自从安徽到东北来打工。这期间，我母亲认识了丧偶的男子王某并以夫妻名义同居生活。后来我父亲因刑事犯罪被判入狱，我母亲去和他办理了离婚手续，并把我们姐妹二人接到东北，将我们的户口迁到王某名下。由于都姓王，我们姐妹对王某便以父亲相称。就这样，我们共同生活了十几年。今年 8 月，王某因车祸去世。他的儿子撵我们母女三人搬家，说我们无权在这里居住。这事怎么看待?

答：首先要弄明白，你母亲和王某同居属什么关系。虽然你母亲和王某对外以夫妻名义生活十几年，但却未登记成为法律上认可的夫妻，这样就不能构成合法的婚姻，属同居的性质。我国《婚姻法》第二十四条规定："夫妻有相互继承遗产的权利"。在王某去世后，因你母亲未能取得妻子的身份，所以不能进入《继承法》规定的法定继承人序列，据此也不能继承王某的房产。

问：我母亲和王某以夫妻名义共同生活了十几年，周围邻居也都这么认为，那不是事实婚姻吗?

答：不少人都认为，两个单身男女在一起共同生活十几年，对外以夫妻相称，这就是事实婚姻，在一方去世之后，另一方就可以顺利地以配偶的身份继承对方遗产，这是错误的理解。2001 年 12 月 24 日，最高人民法院颁布了《关于适用〈中华人民共和国婚姻法〉若干问题的解释（一）》（法释〔2001〕30 号），其中第五条规定：1994 年 2 月 1 日，民政部颁布了《婚姻登记管理条例》，在这之前，符合结婚实质要件的，可以按照事实婚姻处理。而在 1994 年 2 月 1 日以后，双方虽具备了婚姻的实质要件，并以夫妻名义共同生活，但未补办结婚登记手续，仍然是

同居关系。大家都知道，同居关系在对方死亡之后，对其遗产是没有继承权的。最高法院把 1994 年 2 月 1 日认定为划定事实婚姻的一个分界线，这是特别重要的。

问：我听说，法律规定结婚 8 年之后，属于一方婚前的房屋就变成夫妻共同财产，如果我母亲和王某登记结婚，是不是王某去世后就能继承其房产呢？

答：关于结婚 8 年之后，属于一方的婚前房屋就变成夫妻共同财产的说法，是最高人民法院 1993 年 11 月下发的一个文件，但这个文件在 2001 年 4 月 28 日，在《婚姻法》修正后就废止了。

问：我和姐姐在十几年前就把户口迁到了王某名下，对王某也以父亲相称，王某也和我们形成了十几年的抚养关系，社会上都认为，王某就是我们的继父。按照法律规定，继子女对继父的遗产不也同样有继承权吗？

答：因为你母亲没有取得王某妻子的身份，所以王某不是你们的继父。按照《继承法》第十条的规定：被继承人只有是有抚养关系的继父母，被抚养人才能取得继承遗产的资格。王某不是你们的继父，即使对你们姐妹进行了长时间抚养，你们姐妹也不能继承他的房产。

问：那我们算不算王某收养的孩子呢？

答：这个也不能算。你们姐妹二人虽然把户口关系迁到了王某名下，并以父女相称，但不具备《收养法》规定的收养孩子的基本要件，所以也不是王某的养女。从养女这个角度也不能继承王某房产。

问：这是我们没有料到的严重后果，当前社会上像我们家这样的情况并非个案，作为资深房产法律工作者，您跟大家说点啥吧。

答：你们家的这个事情给大家的教训就是，当前社会上盛行的“试婚”“搭伙”等做法或许在某些方面有一定的好处，但都是不受法律保护的，一旦发生意外，对妇女儿童都会造成不同程度的伤害。因此，有这样想法和做法的人都应当慎之又慎，三思而行。

10. 服刑人员也有房产继承权

问：我父亲在前些日子去世了。处理完后事，我母亲领我们姊妹三个人开了个家庭会议，研究怎么继承我父亲的一处门市房。我母亲说，她的退休金也够花，她的那份就不要了，但我父亲的那个生意很红火的门市房，不给我弟弟不行。我弟弟因为犯故意伤害罪，被判了五年徒刑，至今还未出来。我们姐妹三人都认为，我弟弟一直很叛逆，我父亲生病在很大程度上也和我弟弟不让老人省心有关系。他是犯人，我爸爸病重那两年，他在监狱里，也未尽赡养义务。《继承法》不是规定，未尽到赡养义务的子女不分遗产吗？按这个规定，这个门市房就不应当给他，但我母亲就是坚决不同意，您说这事怎么办？

答：按照《继承法》规定，你母亲及你们姐弟四人都属于法定继承中第一顺序继承人。在你母亲明确表示放弃她那份应得遗产继承后，一般情况下，你们四个子女就可以均等继承你父亲的门市房，即便你弟弟很叛逆，不让你父亲省心，一般也不能以此剥夺他的房产继承权。另外，虽然你父亲生病期间，你弟弟因为在监狱服刑而未尽到扶养义务，但这并不是他主观的原因。《继承法》第十三条规定："有扶养能力和有扶养条件的继承人，不尽扶养义务的，分配遗产时，应当不分或者少分。"你弟弟属于没有扶养条件的情形，不能构成丧失继承遗产的要件。

问：那么，继承人在什么情况下，才能丧失继承权呢？

答：《继承法》第七条，继承人有下列情形之一的，丧失继承权："（一）故意杀害被继承人的；（二）为争夺遗产而杀害其他继承人的；（三）遗弃被继承人的，或者虐待被继承人情节严重的；（四）伪造、篡改或者销毁遗嘱，情节严重的。"

问：上述法律条文规定的"遗弃被继承人的，或者虐待被继承人情节严重的”的有哪些情形呢？

答：遗弃被继承人是指依法负有法定义务且具有扶养能力的继承人，对没有劳动能力又没有生活来源的被继承人拒不履行扶养义务；虐待被继承人是指对被继承人的身体或精神进行摧残或折磨。遗弃被继承人，不论情节是否严重，即丧失继承权。继承人虐待被继承人丧失继承权则以情节严重为前提。继承人虐待被继承人情节是否严重，可以从实施虐待行为的时间、手段、后果和社会影响等方面认定。虐待被继承人情节严重的，不论是否追究刑事责任，均可确认其丧失继承权。如果你弟弟是因为上述犯罪行为服刑的，则没有继承权。否则，在一般情况下，继承人因犯有其他罪行而被判处有期徒刑、无期徒刑以至死刑（其晚辈直系血亲可以代位继承），都不能丧失继承权。也就是说，如果你弟弟不是因为丧失继承权等原因犯罪的，仍然享有继承权。未丧失继承权的服刑人员，由于触犯法律而受到国家刑罚处罚，人身自由受到限制，其继承的财产一般由其直系亲属保管。

问：即便是我弟弟有房产继承权，那房屋也不能分割，我弟弟家又等着用钱，那该怎么办呢？

答：《继承法》第二十九条第二款规定：“不宜分割的遗产，可以采取折价、适当补偿或者共有等方法处理。”对于属于遗产又不能分割的房产的价值可以由你们几个姐妹共同协商议定。如果达不成一致意见，一般都采取委托有资质的房地产评估机构进行房产价值评估的方法，然后按照评估的价格，由其他继承人给弟弟支付他应得的那份资金。

11. 前夫，请把房屋还给我

问：因为我前任丈夫李某经常酗酒且不知悔改，我和他于四年前到婚姻登记机关办理了协议离婚手续。我们住的是公房，房屋使用证上是他的名字。离婚协议约定，房屋和10岁的女儿都归我，房屋由我前夫“暂时居住，找到住房后立即搬出”，但没有约定期限。我前夫以此为理由，一住就是四年多，我每次撵他搬家，他总是以没找到住房为由拒绝。我替他找了住房，他不是说租金太高，就是说位置不好，总之，就是赖着不走。为了撵我前夫搬家，我先在报纸上登了公房使用证丢失启示，又拿着离婚协议书到产权单位重新办了房屋使用权证，这回公房使用证上署的是我的名字，但他还是找各种借口不搬。现在的情况是，一方面我和女儿拿钱在外面租房住，另一方面还要承担这套公房的房租。当初签订离婚协议时，我出于一片好心，又相信了他赌咒发誓的态度，所以才没约定期限，没想到会是这样的结果。我应当怎么办呢？

答：如果男女双方能够到婚姻登记机关办理协议离婚的手续，说明双方感情虽然破裂，但并没有撕破脸皮，能够心平气和地处理离婚中的问题。离婚协议书一般应包括以下内容：一、男女双方自愿离婚。二、子女抚养、抚养费及探望权。三、夫妻共同财产以及债务的处理。而房屋权属或使用权的确定则在夫妻共同财产的处理条款中。一般来说，房屋所有权或者使用权的处理都是最重要也是最容易出问题的。

问：那么我的这个问题，毛病出在什么地方呢？

答：这个问题的产生就是在搬家的时限上留了活口，让你前夫钻了空子。这当中有两点应当搞清楚：一、离婚协议属于混合性质的合同，关于财产的约定适用于《合同法》。《合同法》第六十二条规定，当事人就有关合同内容约定不明确的，适用于下列规定：合同内容履行期限不明确的，债务人可以随时履行，债权人也可以随时要求履行，但应当给对方必要的准备时间。在本案中，必要的准备时间可以是半年、一年，也可以适当再延长点，但绝不能是四年多。二、按照《最高人民法院关于人民法院审理离婚案件中公房使用、承租若干问题的解答》（法发〔1996〕4 号）规定，1. 虽然原来公房使用证上是你前夫的名字，但你们的婚姻存续已超过五年的期限，房屋使用权归你是合法的。2. 你前夫以无房居住为由，要求暂住的，酌情可以考虑，但一般不超过两年。对照上述两条法律规定，你现在撵他马上搬家也是有法律依据的，你前夫没找到合适住房的种种理由是站不住脚的。

问：不管我说什么，我前夫死活就是不搬走怎么办？

答：男女双方自愿签订的离婚协议是具有法律效力的。《最高人民法院关于适用〈中华人民共和国婚姻法〉若干问题的解释（二）》第八条规定："离婚协议中关于财产分割的条款或者当事人因离婚就财产分割达成的协议，对男女双方具有法律约束力。"现在，你最好先与前夫开诚布公地谈一次，给他讲讲最高人民法院的这个规定和一意孤行的后果，如果没有得到积极回应，你就可以持离婚协议书到法院办理相关手续，运用法律手段来维护你的合法权益。

问：我的这个事情对他人有什么启示吗？

答：当夫妻之间爱已成为过去，婚姻走到尽头，又不愿意把离婚的事弄得沸沸扬扬，那么在婚姻登记机起草离婚协议时，就一定要把约定的事情写清楚，坚决不留后患，免得日后麻烦。

12. 丈夫赌博用房屋抵债，我该怎么办？

问： 前几天，有一伙陌生人来到我们家，拿着我丈夫签字的房屋抵债协议让我腾房。这时候我才知道，丈夫在外边赌博输了钱，赌场中有人借给他 20 万元钱，还和我丈夫签订了房屋抵债协议，约定如果我丈夫 30 天之内还不上钱，就拿我们居住的房屋抵债。现在 30 天过去了，我丈夫没还上钱，所以这些人来撵我腾房。但是，我丈夫十几天前就到南方打工去了，去的很突然。这伙人走了之后，我打电话问丈夫，他说这事是真的，让我回娘家先住几天。祸从天降，我当时就懵了，这事该怎么办呢？

答： 赌博输钱用房屋抵债的事虽然是个案，但是偶尔也会听人说起，许多人对这样的事有一些模糊认识。房屋抵债协议属于债务合同。从债务角度看，这个债务属非法债务。《民法通则》第九十条规定：合法的借贷关系受法律保护。本案中，这伙人在赌场把钱借给你丈夫，就是支持你丈夫参与赌博。而赌博行为违反了我国治安管理法等法律明令禁止赌博的规定，也违反了民法公序良俗的基本原则，在此基础上生成的借贷关系属非法的借贷关系，不具有合法性和真实性，即是违法债务。《民间借贷司法解释》（法释〔2015〕18 号）第十四条规定：（三）出借人事先知道或者应当知道借款人借款用于违法犯罪活动仍然提供借款的；人民法院认定民间借贷合同无效。因此，本案形成的借贷关系是不受法律保护的。

问： 这帮人口口声声说："欠债还钱，天经地义。我们没打他，没逼他，是他输钱后想翻本才主动向我们借的钱，我们问他，要是再输了没钱还怎么办？你丈夫说可以拿房子顶账，这样我们才和他签订的这个协议，这是双方自愿的，具有法律效力。"这话听着好像也有点道理。那我怎么说呢？

答：从合同双方真实意思表示看，虽然这个以房抵债协议是你丈夫自愿签订的，但内容却违背国家法律的强制性禁止条款。《合同法》第五十二条规定，违反法律、行政法规的强制性规定的合同无效。按照上述规定，你丈夫和债主签订的房屋抵赌债合同是无效合同，而无效合同则从开始就没有法律效力，所以是没有法律约束力的。

问：这房子虽然产权证是我丈夫的名，但这是我们结婚后购买的，我是房屋共有人。拿房屋抵债这事我不知道也不同意。我跟债主讲这个道理时，他们说房子是我们夫妻的共同财产，我丈夫欠钱也有我的份，这叫夫妻共同债务，这个说法对吗？

答：从夫妻共同财产角度看，这房子是你们在夫妻关系存续期间取得的，确属夫妻共同财产，而你丈夫是无权自己单独处置夫妻共同财产的。最高人民法院《关于贯彻执行〈中华人民共和国民法通则〉若干问题的意见（试行）》第八十九条规定："共同共有人对共有财产享有共同的权利，承担共同的义务。在共同共有关系存续期间，部分共有人擅自处分共有财产的，一般认定无效。"另外，夫妻共同债务是指为满足夫妻共同生活需要所负的债务。你丈夫赌博所欠的债务，不是用于夫妻共同生活和家庭生活，不属于夫妻共同债务的范围。

问：如果这伙人总来骚扰，我该怎么对付呢？

答：虽然因赌博发生的债务是非法的，但你也不能置之不理，无动于衷，建议你到法院起诉，请求确认你丈夫和债主签订的房屋抵债协议无效。如果债主对你进行威胁恫吓，你可以向公安机关报案。

13. 哥哥送人五十一载，不能继承生父房产 姐姐去世十年，其子继承姥爷遗产合法

问：今年元旦前后，我年迈多病的父母亲先后病逝了，当大家还沉浸在痛苦中时，已经送给亲属 51 年的我的哥哥就来要继承父亲的房产。他的理由有两条：1. 他也是父母的亲生骨肉，有血缘关系。2. 他经常来看望照顾老人，应当算尽了孝道，所以他也有房屋继承权。请问：他能继承我父母的房产吗？

答：不能。《婚姻法》规定：父母与子女之间的关系有四种类型：1. 婚生子女；2. 非婚生子女；3. 养子女；4. 继子女。婚生子女和非婚生子女都因血缘关系而与父母产生法律上的权利义务关系。养子女因收养关系的成立而与养父母产生法律上的权利义务关系，但在收养关系成立的同时，养子女与生父母之间的权利义务关系同时解除。《继承法》第十条规定，法定继承的第一顺序是配偶、子女、父母。第二顺序是兄弟姐妹、祖父母、外祖父母。根据上述规定，你的这位哥哥在 51 年前就送给了亲属，就是说，从那时起，他和生父母法律上的权利义务关系因与养父母之间收养关系的成立而消除。至于你哥哥有时来看看生父母或者说偶尔有时也进行了照顾，应认定为尊重长辈的表现，属于道德美好的范畴，但不能由此进入《继承法》规定的法定继承人系列，也不能据此认定你哥哥有继承亲生父母房产的权利。

问：我还有一个姐姐，十年前就去世了，姐夫又另娶他人。我姐姐有一个女儿、一个儿子，今年都二十多岁，也都结婚成家了。他们也跑过来要继承我父亲的房产，您说这合理吗？

答：合理。《中华人民共和国继承法》第十一条规定，这种情况叫代位继承。代位继承人必须符合以下三个要件：1. 被继承人的子女先于

被继承人死亡的。在本案中，你姐姐在你父母亲之前就去世了，也就是我们常说的存在“白发人送黑发人”现象。2.代位继承人必须是被继承人的晚辈直系血亲。《最高人民法院关于贯彻执行〈中华人民共和国继承法〉若干问题的意见》第二十五条明确规定：“被继承人的孙子女、外孙子女、曾孙子女、外曾孙子女都可以代位继承，代位继承人不受辈数的限制”，在本案中，你姐姐的两个孩子属于晚辈直系血亲的范畴。3.代位继承人一般只能继承他的父亲或者母亲有权继承的遗产份额。另外应当说明的是，你姐姐两个孩子代位继承权的取得，既与你姐夫的婚姻状况无关，也与他们本人的婚姻状况无关。根据你家的情况，对照法律规定，我们不难看出，你姐姐去世于你父母之前，她的儿子女儿又都是婚生子女，属于你父母的晚辈直系血亲范畴。这样，你姐姐的这两个子女完全具备代位继承的三个要件，可以代位继承你姐姐应得的你父母的那份遗产，这其中就包括房产。一般来说，你姐姐这对子女两个人继承财产的总额应当与其他法定继承人得到的财产是均等的。

14. 丈夫去世，妻子能够继承公婆的房产吗?

问: 我们家兄弟三人，我排老二，在外地工作生活，我哥哥和弟弟都在老家。我哥哥嫂子一直和父母同住并照顾他们。五年前，我 80 岁高龄的父亲去世了。四年前，我哥哥因病去世了。去年 10 月，我 81 岁的母亲也去世了。在我的这三位亲人有病期间，都是我嫂子主要照顾的。我父母去世之后，也是我嫂子和我弟弟两人共同主持操办的丧事。我哥哥没有孩子，母亲去世后，父母亲的房子就由我嫂子一个人独自居住。我在外地，不想要父母的房产，而我嫂子和我弟弟为继承父母房产的事发生了矛盾。弟弟说:“按照法律规定，嫂子不是父母遗产的法定继承人，父母的房产没有嫂子的份，嫂子应当把房子倒出来，自己到外边租房住，考虑她多年照顾老人的辛苦，我可以给她支付一年的租金。另外，嫂子才五十多岁，就是将来就找个人嫁了，那我也不反对，但总不能把咱家的房子也带走吧?”我嫂子则说:“我嫁到你们家几十年，一直辛辛苦苦照顾老人，是最主要的养老送终的小辈人，怎么最后连住的地方都没有，这也太没有人情味了。至于以后我结不结婚，那是我个人将来的事，现在这房子非争不可。”请您给他们评一评。

答: 在《继承法》的法定继承一章中，第十条对继承人的范围及继承顺序做了明确的规定:“遗产按照下列顺序继承:第一顺序:配偶、子女、父母。第二顺序:兄弟姐妹、祖父母、外祖父母。继承开始后，由第一顺序继承人继承,第二顺序继承人不继承。没有第一顺序继承人的，由第二顺序继承人继承。”按照《继承法》的这条规定，你嫂子既不是第一顺序继承人，也不是第二顺序继承人，一般情况确实不能继承你父母的房产。但是，《婚姻法》也充分考虑到各种家庭的具体情况，其中第十二条的规定就符合你们家的情况:“丧偶儿媳对公、婆，丧偶女婿对岳父、岳母，尽了主要赡养义务的，作为第一顺序继承人”。这条规定和丧偶儿媳的婚姻状况无关。能不能作为第一顺序继承人继承你父母房产，不看结不结婚，而是看你嫂子是否尽了主要赡养义务。

问： 那怎么才算尽主要赡养义务呢？

答： 现在法律或政策上对怎么做才算尽了主要赡养义务都没有明确的划定标准，我认为主要由以下三点构成：1. 在经济上为老人提供主要的生活来源。2. 是老人日常生活劳务的主要承担人，如饮食料理、生病照顾等方面。3. 对老人的经济帮助和劳务扶助均具有长期性、连贯性，如偶尔的探望，有限的劳务等都不能算尽了主要赡养义务。因为子女对老人负有赡养义务，而丧偶儿媳、女婿则不负有这种义务，所以只有具备上述条件的丧偶儿媳、女婿才能进入第一顺序，继承老人的房产。

问： 如果我嫂子说她尽了主要赡养义务，我弟弟不承认，两人发生争执，那又怎么解决呢？

答： 你作为具备小叔子和哥哥这两种身份的人，对双方都能说上话，具备调解人的资格，可以首先主持调解工作。如果调解无效，就应当申请居住地的社区及街道调查，最后由县、区民政部门认可。也可以由你嫂子向房屋所在地的人民法院提起民事诉讼，通过法律手段确认她是否尽了主要赡养义务以及是否有资格继承这套房屋。

15. 女友悔婚，我能要回给她的婚房吗？

问： 我在外地央企工作，因家中就我一个孩子，父母一直希望我回到身边并积极给我物色对象。2013 年 10 月，我经他人介绍认识了在某国企工作的女友小梅（化名），我们两人处得挺好，关系也很融洽，双方父母多次见面，已经到了谈婚论嫁的地步了。在这个基础上，我的父母倾全家之力，于 2014 年 11 月花 52 万为我们买了一套二手房作为婚房。在进行产权交易时，小梅说："你在外地工作，不能报暖气费，就写我的名字吧，我现在是单身，我们单位能解决暖气费问题。"当时我父亲主张把我的名字作为房屋共有人填上，小梅就不同意，她很不高兴地说："这不是不相信人吗？"我为了表示爱心，就坚决支持了小梅的意见，房屋产权证上只写了小梅一个人的名字。但最近几个月来，小梅经常和我吵架，每次见面都是不欢而散。最近几次吵架中我们都提到了分手。我说："分手可以，你把房子还给我走人！"小梅却理直气壮地说："这房子是你送给我的，产权证就我一个人的名字，该走人的是你。"前几天小梅换了门锁，明确跟我妈说分手了。这事怎么办？

答：《物权法》第十七条规定："不动产权属证书是权利人享有该不动产物权的证明。"这就是说，在一般情况下，房屋产权证上的署名人即是房屋所有权人。这套二手房产权证上是小梅一个人的名字，那一般情况就可以认为，这套房子是小梅的，你跟这套房子没有什么联系。

问： 那不对呀，因为小梅跟我搞对象结婚我才写她的名字，把房子给她，要不我凭啥给她房子呀？

答： 这个问的有道理。《民法通则》第六十二条规定："民事法律行为可以附条件，附条件的民事法律行为在符合所附条件时生效。"在本案中，你与小梅在恋爱期间，互相给予对方财物是一种赠与行为，但你给小梅房屋是有前提条件的，这个条件就是与小梅成就婚姻，这就是法律意义上的附条件赠与。附条件赠与只有在所附条件成就时生效，如果所附条件未成就，赠与不发生法律效力。小梅接受了你赠与的房屋却不履行附加的条件，那你可以将赠与的房屋要回。《合同法》一百九十二条规定，受赠人严重损害赠与人的利益，赠与人可以撤销赠与。在本案中，小梅得到房屋之后又不与你结婚就属于严重损害赠与人利益的行为。

问：那我什么时间向小梅要房屋呢？

答：《合同法》一百九十二条：“赠与人的撤销权，自知道或者应当知道撤销原因之日起一年内行使”。

问：小梅还说：“你才有多少钱，这个房子主要是你们家出钱买的，你父母愿意给我买的。”

答：针对当前的高房价，男方家庭倾注毕生积蓄为孩子买婚房，在婚前或婚后孩子感情出现变化导致不动产流失的情况也时有发生。针对这种不合理的现象，最高人民法院从2001年到2011年十年中陆续发布了三个关于婚姻法的司法解释，以规范人民法院指导如何解决婚姻中的纠纷，其中关于如何解决房屋纠纷的规定，就是其中最吸引眼球的亮点。《最高法院〈婚姻法〉司法解释（二）》第二十二条：“当事人结婚前，父母为双方购置房屋出资的，该出资应当认定为对自己子女的个人赠与，但父母明确表示赠与双方的除外。”这就清楚地表明，只要是你父母在婚前出资为你结婚而购置的房屋，都应认定为对自己子女的赠与。

问：虽然法律是这么规定，但小梅就是不同意怎么办？

答：《合同法》第一百九十四条：“撤销权人撤销赠与的，可以向受赠人要求返还赠与的财产。”如果你们分手的结局确实不能改变，小梅又坚决不退回房屋，那就通过法律诉讼来解决吧。

16. 丈夫擅自买房赠婚外女友，妻子能把房要回来吗？

问：我丈夫是做生意的，我在家当全职太太。前些日子才知道他有外遇，还给那个女的买了一套房子。经过调查，我不但找到了那套房子，拍了照片，还查到了相关的材料，知道买那套房子花了 46 万元，这些都是我丈夫背着我做的，我想把房子要回来，他却说这是用别人送给他的钱买的，不是夫妻共同财产，没有我的份。请问，这套房子是夫妻共同财产吗？

答：夫妻共同财产是因夫妻关系的存在而产生的。在夫妻双方未选择其他财产制的情形下，夫妻对共同财产形成共同共有的关系。《婚姻法》第十七条规定，夫妻在婚姻关系存续期间所得的工资奖金、生产经营的收益、知识产权的收益、继承或赠与所得的财产等属于夫妻共同所有。按照这条规定，你丈夫在婚姻关系存续期间，即便是别人送给你丈夫的钱，应系赠与行为，也属于夫妻共同财产。

问：我丈夫说，夫妻共同财产他也有处分的权利，他花钱买房送人无可非议。

答：这话是不对的。虽然《婚姻法》第十七条第二款规定，夫妻对共同所有的财产，有平等的处理权。但对于夫妻共同财产支出遵循什么原则，也有明确法律规定。2001 年 4 月 28 日，全国人大颁布了重新修正的《婚姻法》，许多内容都有了重大的调整。最高人民法院于 2001 年 12 月 25 日，又下发了《关于〈婚姻法〉司法解释（一）》。其中第十七条规定，因日常生活需要而处理夫妻共同财产的，任何一方都有权决定；夫或妻因非日常生活需要对夫妻共同财产做重要处理决定，夫妻双方应当平等协商，取得一致意见。在本案中，你丈夫买房子送人属于超出日常生活需要对夫妻共同财产进行处分的行为，双方应当协商一致。现在男方单方面将大额夫妻共同财产赠与他人，根据《合同法》第五十一条的规定精神，除非权利人追认或处分人事后取得处分权，否则该处分行为是无效的。由于你丈夫处分了没有处分权的财产，所以其赠与给外遇方房屋的行为也是无效的。另外，由于你丈夫与他人有婚外情，所赠房屋是在其基础上的延伸，而婚外情违背了社会的公序良俗，亦不应当受到法律保护。

问：我丈夫给那个女的房子登记的是女的名字，且已入住好几个月了，有人说那个女的是善意第三人，所以要不回来了，这个有道理吗？

答：这是混淆了法律概念。因为法律上的善意取得是指在商品交易情况中的一个特殊情况，你丈夫自己掏钱买房送给女方是赠与行为，跟房屋交易中的善意取得根本不是一码事。

问：那我怎样才能把房屋要回来呢？

答：你丈夫这种擅自买房送婚外女友的现象在当今社会并非个案，对这种行为涉及具体处理问题时，也要区别不同情况而定。比如你丈夫赠与婚外女友房产，究竟是返还房屋还是返还相应的购房款，法律界就有不同的认识。我个人认为，一般可分为两种情况：如果赠与人给受赠人的钱款让其购房且登记在受赠人名下，赠与行为被确认无效后，受赠人应返还相应的钱款；如果赠与人是把原来登记在自己名下的房屋转移登记为受赠人，受赠人应返还原房屋。

问：现在房屋已交付女方使用居住，并且办理了房屋登记手续，办理了房屋产权证，她拒绝返还怎么办呢？

答：应当正视房屋已经登记，产权已经明晰的事实，保留女方对这个房屋的所有权，令其返还 46 万元房款。如果女方拒不返还，可以通过法律手段，判决赠与行为无效，执行中可将该房屋拍卖，拍卖所得归你所有。

17. 十年前离婚未分房产，现在再要行不行?

问: 我和我前夫2000年结婚，当时双方共同出资买了一套商品房，产权证上是他的名字，产权证的“其他”栏目中注明是与我共有。2005年，我们的婚姻走到了尽头，双方对离婚没有异议，除了房子，也没有什么其他像样的财产，于是双方决定到民政局办理协议离婚。

答: 离婚协议除了双方同意离婚之外，主要应当明确三点：一是孩子的抚养，由谁抚养及对方应当支付的抚养费用。二是财产及债权债务的分割。三是关于房屋的权属归谁。在这三条中，因房屋而发生的纠纷是最多的，你们离婚协议中关于房子是怎么确定的呢?

问: 协议约定，三岁的女儿归我抚养，房子由我“居住”，但对房子产权归谁没有明确表示。离婚之后，我前夫就去外地做生意了，我因为一个人带孩子太过忙碌，也未注意产权的事。前些天，我前夫因生意失败回来了，他要跟我分割这套房产，你说他有权利这样要求吗?

答: 这套房屋应属于夫妻共同财产。对普通百姓来说，离婚协议中明确房子的归属是最重要的内容之一。《物权法》第三十九条规定：“所有权人对自己的不动产或者动产，依法享有占有、使用、收益和处分的权利。”这里的处分权既包括常见的出售、赠与、抵押等民事行为，也包括分割、调换等权利。在你们的离婚协议中，只是约定房屋由你“居住”，而不是约定归你所有。你前夫没有明确表示放弃房屋产权，所以他仍然有对这套房屋的处分权。《物权法》第十七条规定：“不动产权属证书是权利人享有不动产物权的证明。”现在产权证是你前夫的名字，说明他是这套房屋的权利人之一，完全拥有提出房屋分割的权利。

问: 听说法律规定离婚协议书只能在一年内反悔，我们十年前离婚，我前夫现在才提出这个问题，早已超过了一年的规定，这还可以吗?

答：你今天提出的这个问题，在离婚的案件中是比较多见的，不同地区的审判人员在处理这方面案件中，结果也不尽一致。最高人民法院于2003年12月25日颁布了《〈婚姻法〉司法解释（二）》，第九条规定："男女双方协议离婚后一年内就财产分割问题反悔，请求变更或者撤销财产分割协议的，人民法院应当受理。人民法院受理后，未发现订立财产分割协议时，存在欺诈、胁迫等情形的，应当依法驳回当事人的诉讼请求。"

你们的纠纷中应弄清两个问题：一、在你们的离婚协议中，对这套房屋的权属未进行分割，只是约定由你"居住"，说明房屋所有权还是处于共有状态，而现行法律对于权利人何时行使处分权是没有规定的，你前夫提出对该房屋进行分割处分，属于物权请求权的行使，故不存在诉讼时效问题，所以你前夫是有权要求对该房屋进行分割，也不存在一年反悔的时间效力的问题。二、在你们签订离婚协议时，双方对这套房屋的情况都非常清楚，所以也不存在《〈婚姻法〉司法解释（二）》中第九条规定的"欺诈、胁迫"等情形，因此离婚协议是有效的，这其中关于房屋所有权未分割的条款也是有效的。这些都表明了你前夫提出的要求是符合法律规定的。你反对你前夫提出的分割产权的想法在感情上可以理解，但在法律层面未必说得过去。

问：在离婚的人们中，在房屋问题上有我这样认识的人不少，有什么可以借鉴的吗？

答：无论是在民政部门的协议离婚，还是在法院的判决离婚，都说明两人的婚姻走到了尽头，既然是尽头，就要把与婚姻有关的事处理彻底，不留尾巴，尤其是房屋问题上必须要讲明白说清楚。在本案中，这套房子怎么分割，还是包含一些其他因素的，双方还是应当先协商解决，如果协商不成，那只能到法院诉讼了。

18. 赠与房屋已经过户，父亲无权再立遗嘱处分

问： 1988 年，我父母在郊区国道边经批准自建了五间平房开饭店，并办理了房屋产权手续，产权证写的是我父亲的名字。我们家有三个孩子，我排行老二，有一个姐姐，一个妹妹。1992 年 6 月，我母亲去世。同年 7 月，我父亲召开家庭会议，研究母亲的遗产继承问题，经大家平等商议，达成以下协议：一、这五间房屋由我这个家中唯一的男孩继承，可以马上办理过户手续。二、这五间房屋仍然由我父亲继续在这里居住使用直至百年之后。三、我妹妹身有残疾，又没有成家，我父亲去世之后，她的生活问题由我负责。同年 9 月，我到产权部门办理了产权过户手续，这五间房子的产权证改成了我的名字。1994 年 6 月，我父亲与李某在这房屋中结婚并于次年 9 月生了一儿子。这当中饭店始终在经营中。1996 年 10 月，我父亲在五间房旁边又接出一小间房屋，但未办产权手续。2013 年 11 月 25 日，我父亲生病住院并立下书面遗嘱："我去世后，这六间房屋由我续妻李某与其子继承。"2014 年 8 月，我父亲病逝。之后，我继母李某拿着我父亲的遗嘱要求继承这些房产，我不同意，双方发生争执，您说怎么办呢？

答： 开饭店的这五间房屋是你父母的夫妻共同财产，在你母亲去世之后，就发生了你母亲遗产的继承和赠与的问题。最高人民法院《关于民法通则的司法解释（试行）》第一百二十八条规定："公民之间赠与关系的成立，以赠与物的交付为准。赠与房屋，如根据书面赠与合同办理了过户手续的，应当认定赠与关系成立；未办理过户手续，但赠与人根据书面赠与合同已将产权证书交与受赠人，受赠人根据赠与合同已占有、使用该房屋的，可认定赠与有效，但应令其补办过户手续"。在本案中，你父亲召开家庭会议（你说当时你姥爷、姥姥早已过世），你母

亲遗产的所有第一顺序继承人都一致同意将这五间房屋给你，并且你已经办理了产权过户手续。说明赠与关系完成，这五间房屋已经成为你的合法财产，应当受到法律的保护，即便是你父亲也不能改变。与此同时，你父亲也丧失了对这五间房屋的处分权利，因此，你父亲立的那份遗嘱是无效的，对这五间房屋没有影响。

问：那我父亲后接出的那间小房是和原房屋连在一起的，又不能拆除，那应当怎么算呢？

答：由于那间小房是你父亲和你继母所建，应认定为他们的夫妻共同财产，你父亲的遗嘱对小房是有法律效力的。但是，这一部分房屋，如果当时搭建时没有审批手续，可认定为违章建筑，但由于和原房屋连成一体，也可以认定为原来房屋的添加部分，有点类似于“附合”的性质。

问：请解释一下什么叫“附合”。

答：不同所有权人的物体密切结合在一起形成新的物体，具有了物理状态的继续性和固定性，达到非毁损不可分离或者虽可分离但花费巨大的，这叫附合。一般来说，是指动产与不动产的附合。在房屋装修中，装饰装修物质与房屋结合在一起，例如铺设地板，墙壁贴墙壁纸等，系形成附合。而装饰装修物与房屋未形成完全结合，未达到不可分离状态的，则为未形成附合，如安装热水器、排油烟机等。在本案中，与原来房屋搭建的小房，属于不动产与不动产的附合。

问：那我怎么解决小屋问题呢？

答：虽然小屋增加了原五间房屋的使用面积和经济价值，但终归是违章建筑。在小房问题上，你应当给继母相应的经济补偿。因为你继母和你父亲毕竟共同生活了二十年，还有一个同父异母的弟弟，如果具体金额达不成一致，可找有资质的资产评估公司对小房进行价值评估，然后比照评估金额给你继母补偿款，在和你继母的经济纠纷中，不宜过多地斤斤计较。

19. 为逃避债务假离婚，或许面临人财两空的风险

问： 我和我老婆结婚十几年，我们现在住的房屋是结婚之后买的，产权证是我的名字。我做贸易开公司，她在事业单位上班。这几年公司效益下滑，我借了不少外债以维持经营，但效果并不理想。看这趋势，这外债一时半会儿是还不上了，弄不好非吃官司不可。由此我有了新想法，将来如果输了官司还不上钱，法制执行我的房子抵债咋办？不如办个假离婚，我净身出户，把房子给我老婆，然后还在一起生活，这是不是个两全其美的好事？

刘： 我看未必。社会上有些人有这样的想法，有的甚至已付诸了行动。人们对这种行为也褒贬不一，我认为不存在假离婚一说。《婚姻法》第八条：要求结婚的男女双方必须亲自到婚姻登记机关进行结婚登记。符合本法规定的，予以登记，发给结婚证。取得结婚证，即确立夫妻关系。按照上述法律规定，符合法定年龄的男女公民，只要男女双方本人到婚姻登记机关进行结婚登记，并且取得了结婚证，就能确立夫妻关系。结婚证是男女双方为夫妻关系的法律证明，同时也受到法律的保护。你和你老婆离婚失去了法律的认可，就不是夫妻了，所以根本没有假离婚一说。

问：办完离婚手续我们还在一起生活，这不就是夫妻关系的证明吗？如果不是夫妻还公开在一起生活，这是非法同居不？

刘： 未履行结婚手续的男女在一起生活现在并不鲜见。年轻人有试婚的，中老年人有搭伙的，这些都是人们对自己生活方式的自由选择，现在法律上对这种现象也没有明确的禁止条款，社会也采取了宽容的态度，如有的公众人物未办结婚手续却经常出现在电视媒体就是证明。因此非法同居并没有法律的追究，但并不能以此证明你们还是夫妻关系。

问： 假离婚是我先提出来的，她开始强烈反对，后来我反复陈述这

样做的好处，她才勉强同意，怎么能想象以后她变心呢？

刘： 对于你的想法我是不赞成的。第一是不赞成用这种方式逃避债务。做生意有赔有挣是正常现象，在这当中坚持诚信原则才是企业健康生存发展的保证。你生意赔了，既应当及时偿还债务，也应当集思广义寻找新有的商机。这样才能有良好的信誉，保证在你拼搏努力时，还有朋友肯帮助你。这也是你为人处世的根本。第二是你的这种做法或许面临人财两空的风险。在友情、亲情、爱情这三类常见的感情中，以血缘为基础的亲情是最牢固的，而以感情为基础的婚姻可能是最脆弱的，或许男女双方离婚当时的态度都是假的，然而，没有法律约束的所谓的婚姻既经不起时间浪涛的冲击，也经不起花花绿绿外界物质的诱惑，在我们生活的城市里，偶尔也会听到某某夫妻假离婚弄假成真的例子。

问： 办假离婚时都有哪些理由？如果真发生了这种情况，我上法院起诉不行吗？

刘： 办假离婚很多都是为了达到某种经济目的，有为了单身能享受到买商品房优惠政策的，有为了单身能得到廉租房补助的，虽然理由各不相同，但明确地表示房屋归一方所有这点是共同的。这样一旦得房的一方失信再婚，另一方就无可奈何，欲哭无泪。2016 年 7 月份，广州市增城区法院就判决了这样一桩离婚案件：妻子为躲赌债去年与丈夫签订了《协议离婚书》，房子和家庭财产都给了丈夫，女方自愿“净身出户”。但现在丈夫却与其他女子关系暧昧并张罗结婚，女方将离婚的丈夫告上法庭，要求撤销《协议离婚书》，由于没有事实和法律依据，被法院驳回起诉。

问： 那我应当怎么办呢？

刘： 收回旁门左道的想法，想办法还上债务，即使以房抵债也应当做的。今后正经儿做生意，好好过日子。否则你要笑婚姻，也可能被婚姻要笑，弄得人财两空，那就亏大了。

20. 爸爸以我名义签订的卖房协议有效吗?

问: 我在外地工作,前几年在老家买了一套住房。这套住房由我父亲出租管理,签订出租合同及收缴租金等事情也由他办理。前几天我父亲打电话告诉我,这套房子被他以41.5万元的价格卖给承租人了,已经签订了房屋出卖协议,还收了3万元定金,让我回来签字办产权过户手续。我一听就急了,几天后就赶回了老家,向买房人明确表示了我不知情也不同意卖房的意见,并欲向其退还3万元定金。买房人却说:"房子虽然是你的,但过去你并不出面,租房是你爸爸和我签订的租房合同,房租也由你爸爸收取,所以我就认为,你爸爸说你让他卖的房,卖房也肯定是你的意思。你不卖房可以,但定金要退我6万元,谁让你爸爸跟我签卖房协议呢。"这套房子我是房主,我不想卖房,也没书面授权我爸爸卖房,所以我认为我爸爸无权代表我签订卖房协议。那么这份房屋买卖协议怎么算呢?

答: 你爸爸不是房主,一般情况下对你的房屋没有处分权。但你如果授权则可以处分。通常当事人的授权都是书面形式,但有的情况下口头授权也是可以的。《民法通则》第六十五条规定,授予代理权的形式可以用书面的形式,也可以用口头的形式。虽然你不想卖房,也没有书面授权你爸爸卖房,但买房人有理由相信,这房子是你授权爸爸卖的。

问: 那买房人为什么有理由相信,这房子是我授权爸爸卖的呢?

答: 因为你爸爸的行为构成了法律上的表见代理。

问: 什么叫表见代理?爸爸代表我签订的卖房协议有效吗?

答: 表见代理制度是基于被代理人的过失或被代理人与无权代理人之间存在特殊关系,使相对人有理由相信无权代理人享有代理权而与之实施了民事法律行为,在客观上存在足以使相对人充分相信其有代理权的理由，代理行为的后果由被代理人承担的一种特殊的无权代理。我国表见代理制度建立时间不长，还有不完善之处，有些问题还需要进一步的研究和探讨。我国是在《合同法》中第一次确立了表见代理制度。《合同法》第四十九条规定：“行为人没有代理权。超越代理权或者代理权终止后以被代理人名义订立合同，相对人有理由相信行为人有代理权的，该代理行为有效。”这就是法律对表见代理的规定。在本案中，你爸爸是行为人，你是被代理人，买房人是相对人。即便是事实上你不想卖房，也没有授权爸爸代理你卖房，但买房人有充分的理由相信你授权了你爸爸代理你卖房，因而签订的房屋买卖协议是有效的。

问： 我爸爸以我名义卖房算是表见代理吗？

答： 应当算。这当中构成表见代理要件的有三点：1. 行为人和被代理人关系特殊。你们是父子关系，在我国的传统生活习惯中，爸爸代表远在百里之外的儿子处理事情是司空见惯的，买房人这种认识是符合情理的。2. 行为人有代表被代理人处理了其他重要事情的先例。你房屋的出租行为过去是由你授权你爸爸实施的，现在房屋出卖也可以是你授权你爸爸实施，这种认识亦是正常的。3. 买房人的行为亦是善意行为。这里的善意表现为两点：①买房人确实不知情。没有证据证明买房人知道就是不知。②价格合理。你爸爸跟买房人签订的协议符合市场价格，这就是合理价格。在具备以上三个要件的基础上，你爸爸的做法形成了表见代理，而表见代理产生的法律后果就是行为人和相对人签订的合同有效。本案中，你爸爸和买房人签订的房屋买卖协议具有法律效力并对你有法律约束力。

21. 子女不得强迫老年人迁居到条件低劣的房屋

问： 我今年七十多岁了，一直和老伴在市里的套间楼房居住，位置、楼层都不错。我儿子住在河北的套间楼房，这是他 20 世纪 70 年代结婚时我花钱给他买的，现在孙子都快大学毕业了。前几年老伴去世了，去年我又找了个“搭伙”的后老伴在一起生活，我儿子对此事非常不满，开始是阻挠我的生活选择，后来就要求我把市里的房子让给他，说是留给孙子结婚用，让我搬到他给我买的河北楼房居住。这事怎么办？

答： 你说的这个问题是比较典型的，反映了一些年轻人在对待老年人再婚、住房及赡养等问题上的错误态度。我认为：1. 子女不得干预老年人合理的生活选择。《老年人权益保障法》第二十一条规定，老年人的婚姻自由受法律保护。子女或者其他亲属不得干涉老年人离婚、再婚及婚后的生活。虽然“搭伙”不属于法律意义上的再婚，但法律法规并没有对这种现象的强制性禁止条款，对于普通公民来讲，只要法律法规不禁止的，就是不违法的，也是可以做的。何况“搭伙”是当前流行于老年人中的一种生活方式呢？因此你儿子阻挠是不对的。2. 子女不得强迫老年人迁居到条件低劣的房屋。《老年人权益保障法》第十六条规定，赡养人应当妥善安排老年人的住房，不得强迫老年人居住或者迁居条件低劣的房屋。老年人自有的或者承租的住房，子女或者其他亲属不得侵占，不得擅自改变产权关系或者租赁关系。这就清楚地表明，你孩子要你搬到条件相对差点的河北楼房居住的想法是违反法律规定的，也是不对的。

问： 因为我不同意倒房子，我儿子发狠话说，要是我不同意他的要求，今后也不要我的房子了，也不管我了，和我断绝父子关系，这得怎么办呢？

答： 依据有关法律规定，父母与子女之间的关系是一种自然的血缘关系，一经形成就产生了法律上的权利和义务关系，而且这种权利义务关系不是由父母或子女的意志可以解除的。《婚姻法》第二十一条规定:“父母对子女有抚养教育的义务;子女对父母有赡养扶助的义务。”你把孩子养大成人,还为他买房子结婚,说明你尽了抚养义务,是一个称职的父亲。《老年人权益保障法》第十九条规定,赡养人不得以放弃继承权或者其他理由,拒绝履行赡养义务。因此,你儿子提出以不要房子作为条件,今后不赡养你的说法也是很错误的。另外,你儿子说的可能是气话,过一阶段就会好的,倘若长时间没有转变,你可以通过亲属或社区来做做工作,督促其思想的转变。如果你儿子继续固执己见,不听任何人的劝告,还是不跟你联系,就可以考虑通过法律手段解决了。

问: 现在老年人和子女因为房产问题发生的纠纷比较多,有哪些方面应当注意呢?

答: 能够平平淡淡地安度晚年,子女承欢膝下,常回家看看,这是老年人的最大奢求。而受当前社会上不良倾向的影响,少数子女做出了不关心老年人的精神及物质生活,千方百计抢夺老年人房产的事情,这是非常错误的。所以老年人应当树立三种意识。一、有房产意识。属于老年人自己所有的房产是老年人晚年生活的物质保证,也是老人手中的一张王牌。合理利用这张王牌,对子女有所约束,对老人很重要。二、有遗产意识。老年人要对自己身后的财产分配做出明确书面说明。当老人决定将房产赠与某个人时,可在公证时要求一些附加条件,如明确子女应尽的赡养义务等,以保障自己日后的生活。三、有维权意识。老年人在订立遗嘱对自己名下的房产进行分配时,要考虑到具体执行的公正性、合理性和可行性。当老年人的房产继承权被侵犯或者被剥夺时,要尽量在房产被分配之前向有关部门反映。如果协商不成,老年人可以向街道司法部门申请调解或向人民法院提起诉讼。

22. 夫妻只有一套住房，离婚怎么分？

问：我是一名社区干部，经常调解闹离婚男女双方的工作。对于确定分手的男女双方，我们坚持不激化矛盾，鼓励好和好散低调处理的办法。但有的财产分配特别是夫妻只有一套住房的，离婚怎么分配，是个非常令人头痛的问题，请给我们讲一讲。

答：在我们普通市民家中，房屋无疑是家中经济价值最大的财产，因此对房屋归属的分配是男女双方重要的焦点问题。夫妻在离婚时仅能对共同财产主张分割或处理，而对于一方的个人财产，另一方不能主张权利。根据《婚姻法》第十八条和最高法院有关《婚姻法》的司法解释，下列情况认为房屋为一方个人财产：（一）一方在婚前购买的房屋，在付清了全款并取得房屋产权证，应当认定为夫妻一方婚前的个人财产；（二）一方婚前或在夫妻关系存续期间因继承或接受赠与取得的房产，并且被继承人或赠与人在遗嘱或赠与合同中明确约定遗嘱继承人或受赠与人只为夫妻一方的，应当认定为夫妻一方的个人财产。如果离婚时居住的房屋是一方的婚前房产，属于产权性质明确而不参与离婚分配的。

问：现在发生纠纷的房屋基本上属于夫妻共同财产的房屋，即房屋所有权人是一方的姓名，而附记栏目中标注“与某某某（另一方）共同所有”的字样。这样的房屋离婚怎么分配？

答：如果房屋系夫妻共同财产，虽然所有权明确但对房产的价值和归属无法达成协议，按照《最高法院关于适用〈婚姻法〉若干问题解释（二）》第二十条规定：“可按以下情况处理：1. 双方均主张房屋所有权并且同意竞价取得的，应当准许；2. 一方主张房屋所有权的，由评估机构按市场价格对房屋做出评估，取得房屋所有权的一方应当给予另一方相应的补偿；3. 双方均不主张房屋所有权的，根据当事人的申请拍卖房屋，就所得价格进行分割。”

问： 如果双方都主张要房屋，除了竞价取得，还有没有其他因素可以考虑呢？

答： 根据《婚姻法》第三十九条的规定，可以考虑有利于子女和女方权益的原则解决。

问： 如果一方有过错，另一方为此提出离婚，是不是有过错的一方就不能分得房屋，必须“净身出户”呢？

答： 首先必须弄清楚什么是婚姻关系中的“过错”。按照《婚姻法》四十六条的规定，“过错”包括重婚，出轨，家庭暴力及虐待，遗弃家庭成员四种情况，无过错方只有因为上述四种情况提出离婚时，才可以要求过错方承担损害赔偿的责任，但这种承担损害赔偿的责任必须是罪罚相当，而不是判决过错方必须“净身出户”的。至于房屋分给谁，在双方不能达成一致的情况下，应以法院的判决为准。

问： 如果该房屋一方购买时为清水房，由另一方投资对房屋进行修缮、装修，离婚时房屋产权发生变化吗？离婚时怎么分配呢？

答： 从清水房到可以居住的房屋，说明房屋增值了，增值部分中属于另一方应得的部分，可由房屋所有权人折价补偿另一方。房屋中铺置的地板、墙上的壁纸、棚顶上的装饰都和房屋结合在一起，达到了非物理方法不能分割的程度，形成一种新的状态，这叫附合，这是出资装修的一方不能随意拆除的。但房屋所有权并没有因增值而发生变化，仍然归买受人所有。

问： 对于选择离婚而又只有一套住房的男女，有什么提醒吗？

答： 如果离婚成为夫妻关系中不二的选择，那么财产的分割特别是属于夫妻共同财产房屋的归属一定要明确，房屋归属的一方要明确除掉另一方份额的期限。另外，分得金钱一方要求对方支付金钱给付的数量和时间也要明确，确保双方在开始新生活时不留麻烦。

23. 老人的遗嘱：妻子再嫁不能继承房产，合法吗?

问：我大爷是前年去世的，那年他80周岁。他生前推崇立业成家的观念，在努力拼搏积累了很多财富（其中包括一套高档住宅和一套商铺）之后，才开始张罗结婚的事。50岁那年，他娶了一个比他小26岁的女人韩某做妻子，并且在一起共同生活了30年，但他们始终没有子女。我大爷生前立了一份遗嘱，声称在他过世后，如果妻子不再嫁，住宅及商铺可以归妻子所有，如果其妻再嫁，只有住宅归妻子，而商铺则归我所有，与妻子无关。另外，如果这段时间当中房屋动迁，也按这个原则办理安置补偿问题。我大爷把遗嘱也给了我一份。大爷前年去世后，我把这份遗嘱给韩某看，韩某信誓旦旦表示，她终生不会再嫁。但是前几天，韩某托人给我传话，表示她已计划再嫁，也可以给我30万元，条件是我不再追究大爷所立遗嘱的事儿。现在我想了解的是，韩某一旦违背了大爷的遗愿与他人结婚，我是否就有权按照大爷的遗嘱获得那套商铺。

答：《继承法》第十六条规定，公民可以立遗嘱处分个人财产，可以立遗嘱将个人财产指定由法定继承人的一人或者数人继承，也可以立遗嘱将个人财产赠给国家、集体或者法定继承人以外的人。应该说，你大爷充分行使了《继承法》赋予公民的权利，他通过立遗嘱的形式，自由处分了属于自己的个人财产。

问：学习法律运用法律，是我大爷事业成功的一个重要原因。我大爷跟我说过，他最不能容忍的就是，跟自己生活了几十年的妻子，在他死后成为别的男人怀中的女人。我大爷在学习了《继承法》之后，才立下这份遗嘱，可以说是精心泡制，用心良苦。他就是想用商铺每年十几万的租金收益，来限制韩某的再婚行为，我大爷这么做合适吗?

答：从你的表述可以看出，虽然你大爷能力非凡，事业有成，但他内心深处却是封建主义思想非常严重的人。他把妻子当成自己的私有财产,甚至想在自己去世之后还划定妻子的生活轨迹,限制妻子的人生选择,这种思想是非常错误的。

问: 你这是从道德层面对我大爷思想的批评。从法律层面上讲,我大爷的这份遗嘱合法吗?

答: 虽然公民在遗嘱中有权处分自己的财产,但公民所立遗嘱的内容必须合法才行。《婚姻法》第三条明确规定:"禁止包办、买卖婚姻和其他干涉婚姻自由的行为"。婚姻自由系我国宪法规定的一项公民基本权利,亦系《婚姻法》规定的基本婚姻制度。具体而言,体现为婚姻自主权这一人格权利,即自然人有权在法律规定范围内,自主自愿决定本人婚姻,不受其他任何人强迫与干涉。你大爷去世后,韩某是否再婚应完全由其自主决定,而韩某选择再婚亦是人之常情,故你大爷立下遗嘱中设定的该部分约束内容,限制了韩某婚姻自由,违反有关婚姻自由的法律规定。在我国,公民立遗嘱处理个人身后财产属于民事活动的范畴,但这种民事活动必须在法律规定的框架内进行,而不是可以任意为之。《民法通则》第六条规定,民事活动必须遵守法律规定。第五十八条第五款规定,违反法律或者社会公共利益的民事行为无效。根据上述法律规定,你大爷的遗嘱其他条款是有效的,但其中"如果妻子再嫁,商铺由侄子继承,与妻子无关"的条款既是违法的,也是无效的。

24. 婚后发产权证也不是儿子儿媳的夫妻共同财产

问： 现在父母给即将结婚的子女买婚房很正常，这当中出了不少问题，酿成了一些纠纷，影响了社会的和谐稳定。请讲讲这方面的问题。

答： 父母掏钱给自己子女买婚房（特别是男方父母为儿子买婚房），是由中国国情决定的。现在房价昂贵，小青年刚参加工作，工资不高也少有积蓄，又到了谈婚论嫁的年龄，所以绝大多数男方父母倾其毕生所有为儿子购买婚房，并把这当成责任和义务，但这当中出了许多问题。

问： 如果结婚之前，男方已经有了房屋，并且持有了房屋所有权证，就是男方的婚前财产。若是在谈恋爱时，男方父母就开始给儿子买房，这当中包括两点：1. 以儿子名义签订的商品房买卖合同，以儿子名义办的按揭贷款等。2. 父母出全资购买（包括定金、首付款、按月偿还的贷款）。如果结婚之后才颁发的房屋产权证，是否可认为，这样的房屋就是夫妻共同财产。

答： 现在结婚日期以领证日期为准。这种结婚后才下发产权证的房屋是不是夫妻共同财产？法律规定得很清楚。《婚姻法》第十七条："夫妻在婚姻关系存续期间所得的下列财产，归夫妻共同所有：（一）工资、奖金；（二）生产、经营的收益；（三）知识产权的收益；（四）继承或赠与所得的财产，但本法第十八条第三项规定的除外；（五）其他应当归共同所有的财产"。对照法律规定的五种类型，只与第四种类型有点相似。

问： 那《婚姻法》第十八条第三项是怎么规定的？

答： 第三项明确规定，"遗嘱或赠与合同中确定只归夫或妻一方的财产"，不是夫妻共同财产。这就完全可以厘清那种"虽然男方父母出资购房，但结婚后发产权证的房屋就是夫妻共同财产"的错误认识。

问：对于这种情况的房屋，法律还有别的规定吗？

答：由于父母给子女买婚房的事情俯拾皆是，发生的纠纷也比较多。2003 年 12 月 25 日，最高法院颁发的《〈婚姻法〉解释（二）》，其中第二十二条明确规定：“当事人结婚前，父母为双方购置房屋出资的，该出资应当认定为对自己子女的个人赠与，但父母明确表示赠与双方的除外。”这就清楚地表明，男方父母给儿子购买的房屋，属于给儿子的赠与，是儿子的个人婚前财产。2011 年 8 月 9 日，最高法院又颁布了《〈婚姻法〉司法解释（三）》，第七条规定：“婚后由一方父母出资为子女购买的不动产，产权登记在出资人子女名下的，可按照《婚姻法》第十八条第（三）项的规定，视为只对自己子女一方的赠与，该不动产应认定为夫妻一方的个人财产”。最高法院再一次强调了婚后领证房屋属于男方或女方婚姻内的个人财产的观点，足见最高法院纠正社会上错误认识的决心。

问：《〈婚姻法〉司法解释（三）》刚公布时，社会上掀起了轩然大波，法院系统做了很多宣传工作，各级法院也通过大量的案例证明了《〈婚姻法〉司法解释（三）》的正确，但这种愤愤不平很长时间才平复下来，介绍一下出台的背景。

答：最高院民一庭负责人 2011 年 8 月 13 日在回答媒体记者时指出，实际生活中，父母出资为自己子女结婚购房，一般也不会与子女签订书面赠与协议，如果离婚时一概将房屋认定为夫妻共同财产，势必违背了父母出资为自己子女结婚购房的初衷和意愿，实质也侵害了出资父母的利益。我国的国情是畸高房价与高离婚率并存，父母出资为子女结婚购房倾注毕生积蓄，他们担心因子女离婚而使家庭财产流失一半，而这种担心在实际生活中又是真实存在的。所以这个司法解释针对我国国情，将“产权登记”与“只对自己子女一方的赠与”联系在一起，便于依法认定及统一裁量的尺度，这有利于均衡保护男女双方及其父母的利益，相对来说也是比较公平的。

25. 颁发房屋所有权证之前可以撤销赠与

问：去年我儿子搞对象时，我给他买的房，属于父母给子女购买婚房那种，即《商品房买卖合同》写的是我儿子的名字，首付款及按揭贷款等一大堆材料都是我儿子的名字，但所有的钱都是我们老两口出的。今年儿子结婚了，但产权证至今还未下来。最近他迷上了赌博，我真担心产权证下来之后，有一天他把房子也输掉。现在我能把给儿子的房屋要回来吗？

答：要看具体情况。首先要明确，你给儿子的是房不是钱，属于房屋赠与行为。有人认为，房屋赠与只能是老人先买下房屋，办完产权证书，然后与子女签一份房屋赠与合同，办理完成产权转移手续，这才叫房屋赠与，这种机械的认识不符合国情。看我们周围，父母出钱给儿女买房结婚的比比皆是，充分体现了在高房价的今天，父母对子女的关爱，由关爱而产生的这种房屋赠与是从父母出资给子女买房时就开始实施的，这与在市场经济活动中，生意人之间赠与必须有规范书面合同有着显著的区别。

其次，这种房屋赠与行为得到了最高法院的认可。最高院 2003 年 12 月 25 日颁布了《〈婚姻法〉司法解释（二）》，其中第二十二条，“当事人结婚前，父母为双方购置房屋出资的，该出资应当认定为对自己子女的个人赠与，但父母明确表示赠与双方的除外。”这条规定为父母出资给子女购房的行为确定为赠与的性质，但并未明确这种赠与客体是房屋还是金钱，因此理解上有歧义。我倾向于是房屋，因为父母赠与的不是子女可以随意消费的资金，而是有指定用途的房款。另外，研究《〈婚姻法〉司法解释（二）》二十二条的立法本意，再看 2011 年 8 月 9 日颁布的《〈婚姻法〉司法解释（三）》第七条关于父母给子女买房的规定，从法律的连贯性看，也可以类推父母为子女购置房屋出资“对自己子女的个人赠与”就是房屋。

问：是否凡是父母掏钱给子女买的房屋，什么时候都可以要回来？

答：不是。《合同法》第一百八十七条：“赠与的财产依法需要办理登记手续的，应当办理有关手续。”《合同法》第一百八十六条第一款：“赠与人在赠与财产的权利转移之前可以撤销赠与”。赠与的不动产必须办理完结产权登记手续，赠与行为才能生效。如果赠与的不动产未办理或未办理完产权登记手续，赠与人可以对赠与行为行使撤销权，这在法律上叫任意撤销权。

问：请再深入讲一讲。

答：《〈婚姻法〉司法解释（三）》公布之后，社会上引起了强烈反响，针对不同声音的质疑，《人民法院报》在 2011 年 8 月 13 日刊登了最高院民一庭负责人对该报记者的谈话，他明确表示，“一方赠与另一方的不动产，在没有办理过户手续之前，依照合同法的规定，是完全可以撤销的，这与合同法并不矛盾。我国采取的是不动产登记制度，无论基于何种原因发生的权属变动均需要经登记才能产生效力。”这个讲话就是对《合同法》第一百八十六条第一款的最权威解读。

问：是否所有房屋赠与都可以行使任意撤销权？

答：也不是。《合同法》第一百八十六条第二款，“具有救灾、扶贫等社会公益、道德义务性质的赠与合同或者经过公证的赠与合同，不适用这个规定。”所以，在认定赠与人是否具有任意撤销权时，必须按《合同法》第一百八十六条的规定进行全面衡量，这样才能保证判断的正确。

问：怎样才能保证父母买的房屋归自己子女单独所有？

答：在结婚之前完成三步。第一，在《商品房买卖合同》上，自己子女是唯一的买受人。第二，父母全资购房。第三，办理完结住房贷款手续（包括按揭贷款）。有这三件事做基础，不管什么时候下发产权证，无论婚后怎么偿还贷款，房屋都归你子女单独所有。

26. 离婚协议中把房子给孩子，现在能反悔吗？

问： 五年前，我和前夫签订了离婚协议书，协议约定，我们购买的房屋留给九岁的女儿，待女儿18岁之后再办理产权转移手续，房子现在由我和女儿居住。去年我又结婚了，带着女儿和现任丈夫一起生活，前几天前夫来找我要收回房屋，说是房子不给女儿了。请问：我前夫可以反悔吗？

答： 首先要弄明白你及前夫把房子给你女儿在法律上属于什么性质。《合同法》第一百八十五条："赠与合同是赠与人将自己的财产无偿给予受赠人，受赠人表示接受赠与的合同"。赠与合同是双向民事合同，赠与人与受赠人双方都同意才能成立。你前夫在离婚协议书上明确表示了把房子以后给女儿的行为是个人真实意思的表示，你女儿及作为女儿监护人的你也表示同意，双方达成了合意，实质就是具有赠与合同性质的条款。由于你女儿未到18岁，所以当时没有履行这个赠与条款。《物权法》第九条规定，不动产物权的设立、变更、转让和消灭，经依法登记，发生效力；未经登记，不发生效力。虽然你前夫在离婚协议书上明确表示在女儿18岁时把房子给她，但由于未办理房屋产权转移手续，从法律上讲，房屋的权属并未转移，还是你们夫妻的共同财产。

问： 法律上对赠与合同可以反悔怎么规定的呢？

答：《合同法》第一百八十六条第一款规定，赠与人在赠与财产的权利转移之前可以撤销赠与。房地产的转让应当遵循不动产转移登记生效的规定。由于房屋的物权未发生转移，依这条法律规定，虽然你前夫现在提出撤销该条款并要求收回房屋，但对于签订了书面赠与合同的反悔，应当通过法律途径确认是否允许，而不是自己伸手来要就可以的。

问：《合同法》第一百八十六条第二款规定：具有救灾、扶贫等社会公益、道德义务性质的赠与合同或者经过公证的赠与合同，不适用前款规定。按照这个条款规定，我前夫的赠与行为不适用于上述三种情况中的一种，是不是可以行使对赠与房屋的任意撤销权呢？

答：你说的是一种普遍流行的观点，持这个观点的人认为，赠与一般都发生在亲属之间或具有一定亲密关系的当事人之间，所以应当适用《合同法》中有关赠与的规定。鉴于赠与合同，具有单务、无偿、诺成等基本法律特征，所以未成年子女受赠取得房产并没有支付对价。按照这个观点，你前夫作为赠与人之一在物权变更前可以撤销赠与。

问：我不同意这个观点，如果当年我前夫不同意把房子赠与女儿，我还不同意离婚呢。

答：这是离婚中关于房子处置的另一个观点。因为当事人在民政部门办理登记离婚时，都有商量好的离婚协议，而离婚协议中的房产赠与条款与整个离婚协议是一个整体，不能单独行使任意撤销权。在现实中，有的当事人是在综合考虑各种因素的前提下才同意离婚的，这个附加的条件就是把房产无偿赠与子女。双方基于离婚事由将夫妻共同财产处分给子女的行为，可视为一种附协议离婚条件的赠与行为，在双方婚姻关系已经解除的前提下，基于诚信原则，也不能允许任意撤销赠与。在司法实践中，有的当事人恶意利用赠与的撤销达到既离婚又占有财产的目的，不仅给子女或原配偶造成了经济损失和新的精神伤害，也给社会带来不诚信反而受益的负面影响。

问：双方观点对立的这么尖锐，现在有定论吗？

答：2016 年 9 月出版的第 55 期《民事审判指导与参考》刊登了最高人民法院民一庭对类似案件的意见：协议离婚时夫妻双方达成的将房产赠与子女的条款，与解除婚姻关系密不可分，在双方当事人已经协议离婚的情况下，一方反悔请求撤销赠与条款的，人民法院经审查没有欺诈、胁迫的情形，应当判决驳回一方的诉讼请求。这就是非常明确的定论。

27. 痴呆老人低价卖房无效

问：我是土生土长的北方人，现在南方工作生活，老家只剩年迈的父母。2014 年母亲去世之后，老父亲不愿意去南方，我就请了个远房亲戚照顾他。老人快八十岁了，身体一般，有时糊里糊涂的，我每年都回去看看他。

答：你真是个孝顺的孩子。

问：但这次回来发现了问题。我们家房子的产权证没有了，我只找到了一份我父亲和远房亲戚儿子 2015 年 9 月 6 日签订的《房屋买卖协议书》和一个 17 万元的存折。

答：讲讲具体情况。

问：我们家房子是市重点小学的学区房，市场价能值五十多万。但《房屋买卖协议书》显示，我父亲将该房屋以 37 万元的价格卖给亲戚儿子，但亲戚只是先行支付了 17 万，条件是先行办理产权证，但老人仍然可以在此正常居住生活，直到在此百年终了，百年之前“不得撵老人搬家”。远房亲戚说该房屋已经办理了产权过户手续，这个协议是老人完全同意的。我父亲也说自己是同意的。至于尚未支付的 20 万元，亲戚说可以马上支付，我拒绝了。我能把房子要回来吗?

答：听你讲完过程，感到很震惊，这有可能是你亲戚精心设计的低价买房骗局。现在该房屋已经实现了物权变更，亲戚儿子手中拥有合法的产权证书,你父亲又承认卖房是他同意的,这就使要回房子增加了难度。

问：但我父亲是一个时而清醒时而糊涂的人呀。

答：这应当是突破口。首先，带你父亲到一家正规三甲医院去做身体检查，如果医院诊断你父亲患了“老年性痴呆症”，那就可以启动法律程序了。

问：为什么必须要老人患上“老年性痴呆症”才能启动法律程序呢？

答：“老年性痴呆症”也叫阿尔茨海默病（AD），是一种起病隐匿的进行性发展的神经系统退行性疾病。临床上以记忆障碍、失语、失用、失认、视空间技能损害、执行功能障碍以及人格和行为改变等全面性痴呆表现为特征。如果你父亲患了“老年性痴呆症”，那你就可以以法定代理人的身份提起诉讼，请求判决撤销《房屋买卖协议书》。

问：那法院会怎么审理呢？

答：我认为，一般应当先进行司法鉴定，认定你父亲是限制民事行为能力的人。

问：法律对限制民事行为能力人实施的民事行为有说法吗？

答：《民法总则》第二十二条规定：不能完全辨认自己行为的成年人为限制民事行为能力人，实施民事法律行为由其法定代理人代理或者经其法定代理人同意、追认。

问：那我父亲已经收到的17万元怎么算，这算不算定金？对方是否可以要求我们返给34万元呢？

答：收到的17万元没有注明性质，不能算定金，只能是购房款。双方在签订《房屋买卖协议书》的时候都存在一定的过错，并且过错程度相当，故只能返还17万元。

问：这是一个令人深思的事情，我身边也有子女在外省外国的老年朋友，也有死活不愿意跟随子女移居他乡的，那应当怎么预防呢？

答：这是一个很棘手的问题，可以从以下四点考虑。第一、事先把不动产等重大财物处理利索，防止出现意外。第二、设立远程监视系统，随时了解老人的生活情况。第三、把老人的户口本、房屋产权证、身份证等重要证件放在其他朋友或亲属处，与照顾老人的不是同一个人。第四、如果老人出现“老年性痴呆症”的现象，应当马上返回，做一个根本性的处理。

买卖租赁篇

MAIMAI ZULIN PIAN

28. 定金在房产交易中有何作用?

问: 在房产交易中，人们经常会谈到定金的话题，由于不少市民是首次购房，对定金的作用不太清楚，请给讲一讲。

答: 定金是目前市场交易活动的重要组成部分，我国的《民法通则》《担保法》《合同法》《最高人民法院关于适用〈担保法〉若干问题的解释》等法律都有关于定金的内容。定金在房产交易的活动中得到了广泛的应用，普通市民对此并不陌生。具体地讲，房产交易过程中的定金就是房屋买卖的当事人为了确保合同的履行，依据双方约定，由买方在合同订立时按合同标的额的比例，预先给付卖方一定数量金钱的一种担保方式，主要作用是担保房屋交易合同的履行，保障债权人的债权能够实现。

问: 定金合同或条款有什么特点?

答: 根据《担保法》的有关规定，定金有以下三个特点：1. 必须是书面的，有单独的定金合同或者在买卖合同中有定金条款，口头约定是不可以的。2. 必须具备实践性，即金钱交付后定金合同或条款成立，不交付不成立。3. 具有从属性，定金合同或者定金条款是从属于房屋交易合同，如果房屋交易合同无效，则定金合同或者定金条款均无效。

问: 定金的数额有限制吗?

答: 《担保法》第九十一条，“定金的数额由当事人约定，但不得超过主合同标的额的百分之二十。”房屋买卖的双方为了保证合同的履行，防止对方反悔，可以把定金确定在房款的20%，这样任何一方都不敢轻易违约，因为违约成本太大了。

问: 定金最显著的特点是什么?

答: 《担保法》第八十九条，“当事人可以约定一方向对方给付定金作为债权的担保。债务人履行债务后，定金应当抵作价款或者收回。

给付定金的一方不履行约定的债务的，无权要求返还定金；收受定金的一方不履行约定的债务的，应当双倍返还定金。”这就是人们常说的“定金罚则”,也是定金最显著的特点,在房屋买卖活动中,对于鼓励房屋交易，制裁或限制违约行为，作用是相当给力的。

问：在买卖合同中，既有定金又有违约金，当一方违约时，能否二者都主张呢？

答：不能。《合同法》第一百一十六条，“当事人既约定违约金，又约定定金的，一方违约时，对方可以选择适用违约金或者定金条款。”这里就涉及了违约金和定金的性质，违约金主要是承担违约责任，在违约责任发生后给付，基本上是补偿守约方的经济损失，而且没有比例的限制,惩罚作用次之。即使规定违约金过高了,按照《合同法》的有关规定，还可以向法院提出“适当减少”。而定金则是一种担保方式，在签订合同时立即支付，对违约方的惩罚性作用明显。但法律并未支持双重惩罚，因为那样对违约方也是显失公平，这个法条赋予了守约方在违约金和定金的选择权，就是对契约精神的尊重和对守约行为的有力支持。

问：关于定金，还有什么要强调的？

答：主要有三点：1. 在房屋买卖合同中，定金不是强制性条款，而是选择性条款，是否选择定金，要看双方是否达成合意，没有定金条款，房屋买卖合同照样生效。2. 如果交付的金额超过 20%，即便写上“定金”字样，超过部分也不具有定金的性质，只能起到预付房款的作用。3. 注意不能把“定金”写成“订金”，虽然一字之差且读音相同，但是两者的含义差别却很大。订金没有明确的法律规定，在司法实践中，一般认为是买房人的一种支付形式，属购房款性质，不具有担保的作用，如果房屋买卖合同不能履行，那卖房人一般只能按原数退还给你，绝不能双倍返还。

29. 二手房买卖，交房后不得反悔

问: 在读者反映的二手房买卖纠纷中，卖房人反悔的占了大多数，双方闹得不可开交，也都很纠结，这样的事情怎么解决?

答: 在双方签订了二手房买卖合同，卖房人收了定金后，在未履行房、款交结之前，卖房人是可以反悔的。但要付出代价，即向买房人支付双倍定金，这是法律的规定，也是对违约者的惩罚。

问: 现在的问题是，卖房人收了全部房款，也将房屋交给了买房人，在办理产权转移之前的反悔。卖房人反悔的理由是，不动产（房屋）交易过户有效，因为房屋未过户，所以合同是无效的，我可以不卖。

答: 这个认识是不对的。按照民法通则和合同法的规定，只要符合三个条件：1. 当事人有完全民事行为能力；2. 买卖双方真实意思表示；3. 合同内容无违背国家法律法规强制条款之处，这个合同就是成立的。《物权法》第十五条也明确规定：“当事人之间订立有关设立、变更、转让和消灭不动产物权的合同，除法律另有规定或者合同另有约定外，自合同成立时生效；未办理物权登记的，不影响合同的效力。”上述法律规定清晰地表明，房屋所有权交易的过户登记，只是房屋买卖合同的约定和履行的内容，而不是房屋买卖合同有效和生效的要件。生效的买卖合同，双方没有办理产权过户登记的，属于合同没有履行完结，交易没有最终完成，而不能认定合同无效。

问: 就算是合同有效，我属于出卖二手房后违约，那我双倍返还定金是不是也可以呢?

答: 不可以。第一，《合同法》第一百一十条规定：“当事人一方不履行非金钱债务或者履行非金钱债务不符合约定的，对方可以要求履行，但有下列情形之一的除外：1. 法律上或事实上不能履行；2. 债务的

标的不适于强制履行或者履行费用过高；3. 债权人在合理期限内未要求履行。”对照本案的情况，卖房人不具备上述排除履行的三种情形，是完全能够履行的，因此，买房人可以要求卖房人履行办理产权转移的约定。第二，《合同法》第一百三十五条也规定：“出卖人应当履行向买受人交付标的物或者交付提取标的物的单证，并转移标的物所有权的义务”。这个法条中的“转移标的物所有权的义务”就包括了办理产权过户手续。这就是说，在买卖双方进行了房、款交割之后，只要买房人要求卖房人继续履行这种办理产权转移的非金钱债务，而卖房人又可以做到的，就必须去做。第三，《最高法院关于审理买卖合同纠纷适用法律若干问题的解释》〔法释（2012）7 号〕第三十六条规定：“买受人已经支付标的物总价款的 75% 以上，出卖人主张取回标的物的，人民法院不予支持”。综上，只要买受人交了 75% 以上的房款并且实际入住，出卖人就丧失了可以选择双倍返还定金来应对违约的权利。

问：办理房屋产权过户要双方到场，不管法律怎么规定，卖房人就是不配合怎么办？

答：法律确认的义务公民必须履行。如果卖房人不履行义务，不配合买房人办理过户手续，人民法院、仲裁委员会就可以判决（裁决）履行。买房人则可以持人民法院或者仲裁委员会生效的法律文书，单方面到产权管理部门办理产权转移手续。

问：产权管理部门给办理吗？

答：给予办理。《房屋登记办法》第十二条规定：“因人民法院、仲裁委员会生效的法律文书取得房产权利”的，可以由当事人单方面申请办理。这几年来，房屋产权管理部门依据《房屋登记办法》的上述规定，已经为多位手持人民法院，仲裁委员会生效法律文书的二手房买房人单方面办理了产权转移手续。

30. 开发商一房二卖，我该怎么办？

问： 汪某在2009年8月用42万元的价格买了一套105平方米的商品房期房。由于开发商未办下来商品房销售许可证，汪某就和开发商签订了“购买商品房认购书”，确定了单元、楼层、房号和入住时间。开发商在认购书盖上了“已付全款”的印章。

2011年5月，汪某发现该楼盘已竣工配户，便拿着认购书到开发商处领钥匙，这才发现开发商已把此房另行卖给了李某。虽然李某购买时间比自己晚了近一年，但价格却涨了近10万元。开发商对此的解释是，因为原来的售楼人员不干了，所以工作出现疏漏，对不起。可以把顶层把山的房子给她，虽说条件有点差别，但按现在的价格也合适。如果汪某不要，可以按原数退还房款，还可以另给同期银行活期存款利息。

答： 这是典型的一房二卖。

问： 开发商这么处理对吗？法律上对此有没有规定呢？

答： 开发商这样处理是不对的。这样的情况在全国各地的商品房买卖中也不是个案。为此，最高人民法院于2003年6月1日施行的《关于审理商品房买卖合同纠纷案件适用法律若干问题的解释》第八条做出了明确的规定：商品房合同订立之后，出卖人又将房屋卖给第三人的，“无法取得房屋的买受人可以请求解除合同、返还已付房款及利息，赔偿损失，并可以请求出卖人承担不超过已付房款一倍的赔偿责任”。按照这个规定计算，如果开发商不能给汪某提供合同约定房屋的话，他返还给汪某的房款不是42万，至少应当是84万元，更不是仅仅多了点银行同期活期存款利息就能了结的。

问： 李某手中持有省建设厅、省工商局监制，市房产局带编号的“商品房买卖合同”，应当是有效的。而汪某持有的却是开发商自己印制的“购买商品房认购书”，是不是也有法律效力呢?

答: 同样有效。最高院“解释”第五条规定：“商品房的认购、订购，预订等协议具备建设部《商品房销售管理办法》第十六条规定的商品房买卖合同的主要内容，并且出卖人已经按约定收受房款的，该协议应当认定为商品房买卖合同”。汪某的认购书具备了《商品房销售管理办法》规定的楼层、房号、价格、面积等主要内容，并且开发商认定收了全额房款，可以认定为有效的商品房买卖合同。

问: 既然都是有效的商品房买卖合同，汪某又交款在先，能不能要求李某腾房呢?

答: 不能。在最高院的“商品房买卖的司法解释”颁布半年之后，辽宁省高级法院在 2003 年 12 月 11 日下发了“全省房地产案件专题研讨会纪要”〔辽高法（2003）164 号〕，其中第二十二条明确规定：“解决一房二卖纠纷案件中房屋买受人之间的权利冲突，可按以下标准掌握：合同有效的买受人优于无效合同的买受人取得房屋所有权；合同均为有效的，已办理房屋产权过户登记的买受人优先取得房屋所有权；买受人均未办理房屋产权过户登记的，已接受出卖人交付房屋的优先取得房屋所有权；买受人均未接受出卖人交付房屋的，合同签订在先的买受人优先取得房屋所有权”。我们不难看出，虽然双方都持有生效的商品房买卖合同，都未办理房屋产权登记手续，但李某已经实际入住，符合辽宁省高院规定的已接受“出卖人交付房屋”的情形，所以该房屋所有权应当归李某所有。

问: 那么汪某现在应当怎么办呢?

答: 如果汪某多次和开发商协商未果，那么她要讨回公道，维护自己的合法权益，就应当走法律程序，这还是有把握的。

31. 租房客不应当替房主交纳税费

问： 为了孩子上学，我租了一套房子自住，每月 1800 元。租房合同是房主起草的，其中一条规定："承租人承担出租的房屋交纳应交的税费"，我从来就没想过出租房子还要交什么税，就签了字。前不久，税务部门上门要税费，房主要我承担，请问这件事情合理吗？

答： 这事情不合理。税收是国家以法律、行政法规的强制性规定的形式授权实施的行政活动。房主出租自己的房屋获得利益，本身就是经营活动的一种。因此，房主交纳相关税费，是必须承担的义务，不应当转移到其他人身上。

问： 房主说，我在租房合同上签了字，合同有效，我就应当交纳房产税。

答： 房主的说法是不对的。《合同法》第五十二条规定，违反国家法律、行政法规强制性条款规定的合同无效。国务院《税收征收管理办法实施细则》第三条也规定："纳税人应当依照税收法律、行政法规的规定履行纳税义务；其签订的合同、协议等与税收法律、行政法规相抵触的，一律无效"。上述两条都是公民必须履行的法律强制性条款。虽然你和房主签订的租房合同有你承担出租房屋税费的条款，但违背了上述法律强制性条款的规定，所以这一条是合同中的无效条款，你不应当替房主交纳这套出租房屋的相关税费。

问： 那么这个条款从什么时候无效呢？

答： 《合同法》第五十六条规定："无效的合同条款或者被撤销的合同自始没有法律约束力。合同部分有效，不影响其他部分效力的，其他部分仍然有效。"也就是说，你合同中关于替房主交税的条款，自签字那天就没有法律效力，但你租房合同中的其他条款还是有效的。

问：那房主应当交哪些税？交多少钱呢？

答：对于个人出租房屋（住房）的收入，一直都是税务部门征收的范围。（一）按照《财政部国家税务总局关于廉租住房经济适用住房和住房租赁有关税收政策的通知》（财税〔2008〕24号）规定，对个人出租住房，收取下列税费：1. 按收入所得10%的税率征收个人所得税。2. 在3%税率的基础上减半征收营业税。3. 按4%按税率征收房产税。免征城镇土地使用税。（二）国家税务总局2016年3月31日制定了《纳税人提供不动产经营租赁服务增值税征收管理暂行办法》（税务总局公告〔2016〕16号），其中规定：个人出租住房也应缴纳增值税，应纳税款=含税销售额÷（1+5%）×1.5%。依据上述文件的规定，个人出租自己所有权的住房，应当按（一）及（二）的累计计算应缴税款。至于房主出租住房的收入应当交多少税费，还是由税务部门来计算吧。

问：如果我拒绝替房主交纳税费，他要撵我搬家咋办？

答：如果房主为此撵你搬家，那就是自讨没趣，绝对不能得逞的。1. 让你替房主交纳税费的条款在房屋租赁合同中是无效条款，对你没有任何作用。2. 你的房屋租赁合同正在履行过程中，根据《合同法》第八条的规定："依法成立的合同，对当事人具有法律约束力。当事人应当按照约定履行自己的义务，不得擅自变更或者解除合同。依法成立的合同，受法律保护。"按照上述法律规定，你的租赁合同是受法律保护的，房主无权单方面解除。

32. 隐瞒“凶宅”真相，房屋买卖无效

问：去年年底，我看中了一套楼房，地段、户型、面积、楼层、朝向、装修等各方面条件都符合我的要求，价格也比这一地区同等条件的房屋便宜点。很快，我们就和卖房人签了协议，支付房款并办理了产权转移手续，随后就是拿钥匙入户，前后总共才二十几天。我正准备搬家时，发现小区里经常有人对我指指点点、窃窃私语，很不正常。经过了解，我才知道，去年秋季有人在这套房屋中自缢身亡，在当地影响很坏，这套房就是人们常说的“凶宅”。您怎么看这件事？

答：首先要认定什么是“凶宅”。人们常说的“凶宅”是指在住宅中发生过自杀、他杀等非正常死亡的恶性事件的房屋，而有病的人或年迈的老人在房屋里自然死亡就不能定为“凶宅”。我个人认为，“凶宅”不是封建迷信，而是一种忌讳，是人们对某些不吉利的事物、语言或行为的顾忌和避讳，是人们在长期生活实践中对传统风尚、礼节和习性认可而形成的民间风俗。“凶宅”虽然不能影响人们的房屋使用，但却会影响人们的心理，造成了房屋使用人的心理阴影或障碍，客观上起了降低房屋使用效果的作用。所以说，“凶宅”和正常的住宅还是有区别的，它在社会上产生的消极影响和对房屋使用人心理带来的负面作用都是客观存在的。

问：我也觉得卖房人事先不告诉我“凶宅”真相是不对的，但怎么不对，我们又说不清楚，请您从法律层面给我们讲一讲。

答：卖房人在公布售房信息及和买房人洽谈过程中，只字不提该房屋内近期发生过有人非正常死亡的情况，这肯定是不对的。首先是违背了《民法通则》第四条，公民在进行民事活动中“应当遵循诚实信用原则”。其次是违背了《合同法》第七条关于当事人订立合同，应当遵循“尊

重社会公德”的原则。论卖房人行为的性质，严格说有民事欺诈的成分。最高人民法院“关于贯彻《中华人民共和国〈民法通则〉若干问题的意见》”第六十八条明确规定：“一方当事人故意告知对方虚假情况，或者故意隐瞒真实情况，诱使对方当事人做出错误意见表示的，可以认定为欺诈行为”。对照法律的规定，卖房人的行为应属“故意隐瞒事实真相”的情形。但这种行为的危害是很有限的，应属于比较轻微的程度。

问：这个问题怎么解决呢？

答：那就看你怎么面对这件事。无非两种意见，一种是放一段时间再搬进去，“凶宅”的名声和影响都会随着时光的流逝而在人们心中逐渐淡忘，何况价格还便宜一点呢。另一种就是和卖房人协商退房。

问：我们和卖房人提过退房的事，卖房人说，也过户了，也给钱了，合同履行完结了，不同意退房。

答：怎样认定这种情形买卖协议的性质，法律界有两种意见：一种认为，应按照《合同法》第五十二条“一方以欺诈、胁迫手段订立的合同”无效的规定，直接认定房屋买卖合同无效。另一种意见认为，应按照《合同法》第五十四条“一方以欺诈、胁迫的手段或者乘人之危，使对方在违背真实意思的情况下订立的合同，受损害方有权请求人民法院或者仲裁机构变更或者撤销。”的规定，认定是可以撤销的合同，由当事人一方向人民法院或仲裁委员会提出撤销合同的申请，由人民法院或者仲裁委员会依法进行审理，做出同意撤销或者不同意撤销的决定。《合同法》第五十六条规定，“无效的合同或者被撤销的合同自始没有法律约束力”。第五十八条规定：“合同无效或者被撤销后，因该合同取得的财产，应当予以返还。”“有过错的一方应当赔偿对方因此所受到的损失”。按照法律的规定，结合本案的情形，可以清晰地看出，卖房人属于有过错的一方，他不但应当返还你全部房款，还应当承担产权回转的过户费用及由此造成的财产损失和利息。

33. 怎样购买二手房?

问: 目前，二手房市场日趋火爆，我们怎样才能购买到适合自己的二手房呢?

答: 根据房地产的特点，特别是结合我多年办理房地产案件的经验和体会，谈谈购买二手房应当注意的“四看、三查、二问、一算”，供广大读者参考。

四看就是：一看房屋地段。二手房的黄金地段住宅应同时具备出行方便、购物方便、就医上学方便、休闲娱乐方便四大要素，这当中出行方便、购物方便是基础，休闲娱乐方便则是追求尽善尽美的奢侈品。二看小区环境。小区环境主要看绿化率和小区内的文化健身设备、业主会馆等配套设施的完善情况。小区内绿树成荫，公园式的居住环境深受广大市民的欢迎。三看房屋本身的条件。面积、装修、质量、楼层、格局、朝向、通风、层高、采光、视野、电梯、门窗配置等诸多因素都是购买二手房应当考虑的。这些条件几乎就是房屋的全部，要求每个因素都好是不现实的，但不能接受“硬伤”。还应当提出的是装修，在人工和材料都很昂贵的今天，每平方米千八百元的装修费用也就平平常常。因此二手房的豪华装修、精装修、简单装修还是清水房在购房成本上都有着很大的差别，遗憾的是有些购房者却不够重视。四看周边环境。周边是否有噪音源、污染源，楼下的饭店、附近的歌厅都会干扰你的正常生活。

三查，首要是查产权情况。主要查两点，一查卖房人与产权人是否一致，坚决拒绝购买他人以产权人名义出卖的二手房，防止受骗上当。还要看有无其他产权共有人及他们的意见。其次是查产权证是否有抵押、质押或查封的情况，确保所买的二手房产权处于自由可流通状态，能够进行交易。二查房屋性质，是商品房、自建房、房改房，还是棚户区回迁房。不同性质的房屋交易时缴纳的费用是不一样的。三查二手房取得产权的时间和房主有几套房屋，因为二手房取得产权时间满五年与不满五年缴纳的税费用有所不同；同时还要看房主出售的是唯一住房还是多套住房，因为这在缴纳税费上也存在着很大差别。一套价格 50 万 100 平方米的二手房，如果是产权未满五年的非唯一住房，即便是在未实行转让所得税 20% 计征的情况下，交易时也得多交好几万元的费用。

二问，一是问暖气情况。北方地区的采暖期很长，暖气好就能享受温暖舒适的生活。有人买房忽略暖气，结果是挨冻遭罪，所以暖气必须问清楚。二是问律师怎样写好房屋买卖合同。写好合同是二手房买卖行为能够顺利进行的保证。好合同的标准是双方意思表述真实，内容全面准确不模糊，具有可操作性。

最后一算是指在下决心购买之前，仔细算算把这套房买到手达到可以入住的标准总共需要多少钱。这里包括给卖房人的房款、办理产权转移过户手续需要缴纳的各种费用和装修款，如果只算给卖房人的房款而不考虑交易费用和装修费用是不全面的。前几年，一个朋友买了一套 102 平的清水房，价格比可以拎包入住的每平方米便宜五百多元，他觉得挺合适，但这套房屋产权未满五年，也不是出卖人的唯一住房，结果办完交易手续及房屋装修这两项下来，比拎包入住还多花了八万多元。购买二手房，不但要看给卖房人多少钱，更要看你从口袋里掏出多少钱。

问：听你这么一说，感到购买二手房还真是一件很麻烦的事，仔细想想也对。对于我们普通老百姓而言，买房可能是我们生活中最大的单项支出了，也可能是我们毕生的积累。那是不是说，做到了你说的四三二一，购买二手房就没有问题了呢？

答：那倒也不是，我谈的都是一些共性的东西，每个购房者都有自己家的个性需求，这些个性需求在共性中怎样定位，各个购房者也不尽相同。但是，如果我讲的能给购房者一些有益的参考或借鉴，那我就非常高兴了。

34. 小产权房能够交易吗？

问：在我们日常生活中，经常听到人们说小产权房，在城市的城乡接合部，也能看到成片的小产权房小区。但究竟什么是小产权房？它和正常产权的商品房有什么区别？是否可以购买小产权房？这些问题都是许多读者想要了解的，请给我们讲一讲。

答：小产权房不是法律概念，它是人们在社会实践中形成的约定俗成的称谓。所谓小产权房，是指乡镇或村集体组织在集体土地上建造的房屋，本来应当是供给集体经济组织内的人居住的，却卖给了集体经济组织以外的人。

问：在农村土地上不能盖商品房吗？不少小区不就是农村土地上建起来的吗？不也都发产权证了吗？

答：按照国家规定，在农村土地上建小区卖商品房，首要的条件是国家对农村土地进行征收，由集体土地变成国有土地，然后再通过"招拍挂"的方式出售土地使用权，由开发企业交纳土地出让金，然后才能进行一系列的商品房开发活动，这样建成的商品房才可以出售并取得房屋所有权证。现在的小产权房是在集体的土地上兴建，不向国家交任何费用，卖房后乡镇向购房者颁发自己印制的产权证或居住证，对照市产权管理部门颁发的普通房屋所有权证（大产权）而言，称之为小产权房。

问：国家法律对小产权房的性质有什么说法吗？

答：小产权房的产权证是没有法律效力的，这点国家法律规定得很明确。《中华人民共和国物权法》第九条规定："不动产物权的设立，经依法登记才发生效力，未经登记是不发生效力的"。上述法律说明，由于建造小产权的集体土地未经征用为国有土地，所以买卖合同不能在房管局备案，也没有商品房销售许可证，更不能领取产权管理部门颁发的房屋所有权证，因此乡镇颁发的小产权证书是不合法的。

问：小产权房和正常产权的商品房有什么区别吗？

答：区别还是相当大的。归纳起来主要有以下四点：一、不能像正常商品房那样可以在房地产市场上进行交易，也不能在银行进行抵押贷款。除了居住之外，不动产本身固有的在市场经济活动中的可以进行商品流通的价值都无法体现出来。二、生活配套设施不完善。电、水、煤气等公共设施都不能正常安装使用，有的小产权房小区入住七八年一直使用地下水、临时用电或农电就是明显的例子。三、房屋质量得不到有效的保证。一般楼盘在交工之后，都由市工程质量监督站进行全面的验收，只有验收合格出具了合法的验收手续，开发公司才能将房屋分配给业主使用，业主也敢放心地搬进去居住。而小产权房竣工之后，市工程质量监督站不给验收，开发商没有办法，只能凭个人关系找几个做过这方面工作的人来看一看，不能出具任何有效手续，所以质量是靠不住的。四、如果该地区在城乡规划区的范围内，如果政府有关部门拆迁的话，一般不能得到和正常产权房相同标准的补偿。

问：最近有人说，国家要给小产权房发证了，这话可信吗？

答：这话不可信。国务院这些年来三令五申要求各地清理整顿小产权房。2017 年 9 月 20 日，国土部与住房城乡建设部下发了《关于房屋交易与不动产登记衔接有关问题的通知》（国土资发〈2017〉108 号），就明确规定，“防止小产权房通过不动产登记合法化。”就非常清楚地表明了国务院治理小产权房的态度和决心。

问：虽然小产权房有那么多风险，但还是有人在私下交易，作为普遍市民，想听听您的意见。

答：小产权房挑战十八亿亩国家划定的土地红线，无情地吞噬农村的耕地良田，严重危及我们的吃饭问题，所以，从全国人民的根本利益出发，中央政府治理小产权房的决心是一贯和坚定不移的。用四句话来概括我的态度：没有合法产权，不能进行交易，存在很多问题，最好不要涉及。

35. 购买房屋签合同，可别弄混了这四种“金”

问：我是搞房屋中介的，适时也做房产投资，这当中有二手房也有商品房。在签订房屋买卖合同过程中，经常会遇到使用货币的各种“金”，这当中有“定金”“订金”“认筹金”“诚意金”等，让人眼花缭乱，不知所措。请给我讲讲这几种“金”的性质、区别和用途吧。

答：我先讲讲“定金”。无论是购买二手房还是购买商品房，“定金”都是我们在签订房屋买卖合同时，写在合同里并且需要当时支付的一定数额的金钱，这其实是预先给付对方一定数额金钱的担保方式。《担保法》第八十九条：当事人可以约定一方向对方给付定金作为债权的担保。债务人履行债务后，定金应当抵作价款或者收回。给付定金的一方不履行约定的债务的，无权要求返还定金；收受定金的一方不履行约定的债务的，应当双倍返还定金。这就从法律上对“定金”做了明确的规定。必须强调指出的是，“定金”不能超过总房款的20%。

问：那房屋买卖合同中的“订金”又是怎么回事呢？

答：“订金”通常用于购房人购买商品房的过程中，一般是指在购房人与开发商就房屋买卖初步达成协议后，准备进一步协商签订商品房屋买卖合同的临时认购协议。通常的做法是在约定所选房号、面积、房屋单价及总价款后，约定一个期限，买方需在此期限内与卖方签署正式合同。买方支付“订金”，即取得了在此期限内的优先购买权，一般情况下，“订金”可视为预付款。“订金”不具有担保债务的履行的作用，也不能证明合同的成立。“订金”在合同正常履行的情况下，仅仅是房屋价款的一部分，在合同没有履行的情况下，不管是开发商违约，还是购房人违约，只要未做特别约定，“订金”都要原数返回。

问：在开发商新建楼盘销售时，常常看见“认筹金”的字样，这又是什么性质的钱呢？

答：“认筹金”中的“认筹”是关键，一般出现在开发商开始销售商品房的起始活动中，就是说购房人要表现出买房的诚意，而这个诚意则需要通过缴纳“认筹金”来体现。“认筹金”的作用在于缴纳“认筹金”后，购房人可以获得房屋的优先购买权，并在房价上享受一定程度的优惠。等到新建楼盘正式开盘销售时，“认筹金”的购房人还可以优先选房，选中房屋后再与开发商签订正式的商品房买卖合同。如果购房者没有选中理想的房屋，开发商将把“认筹金”如数退还给购房人。其实，“认筹金”的真正作用是开发商在开盘前可以在短时期内收回大笔资金，用来解决资金不足的燃眉之急。

问：在房屋买卖的合同中，有时也会出现“诚意金”的字样，这又是什么钱呢？

答：“诚意金”就是意向金，这在房屋中介与买房或卖房双方签订的合同中多有体现。其实法律上并没有“诚意金”一说，房屋中介与买卖双方之所以签订什么“诚意金”的条款，主要是由于我们现在房地产交易市场的诚实信用体系还不够健全，交易主体为了各自的利益往往会违背诚实信用的原则，从而损害一方的利益。在房屋买卖的合同中，写上“诚意金”，就是对某一方可能不履行合同的限制或约束，但实际上没有什么大的作用。

问：请总结一下这四种“金”的返还都有什么特点？

答：在房屋买卖过程中，不同合同中分别出现的“定金”“订金”“认筹金”“诚意金”等字样，确实让人眼花缭乱。但除了“定金”在出现纠纷时有所变化外，其他那三种“金”都应该退还支付者，然而，即便是这样，购房人在签订合同时也要看明白弄清楚，免得日后惹麻烦。

36. 出租房屋期满，我怎样和承租人结算装修？

问： 我有两处门市房出租，一处开了KTV歌厅，还有一处是美发室。歌厅的承租人在墙上贴了壁纸，地上铺设了地板，还有霓虹灯、激光灯等许多灯具，这些我都同意。美发室的承租人对室内照明线路进行了改造，还装了热水器、洗手盆等物品，这些我不知道。美发室还在外边接了个小房，用我的产权证办了临时建筑手续。最近，这两处房屋陆续租赁期满，我不想和他们续租了。但在怎样结算装修的费用上，始终不能达成一致。请问这账应当怎么算?

答： 首先弄清一个名词，什么叫“附合”。不同所有权人的物体密切结合在一起形成新的物体，具有了物理状态的继续性和固定性，达到非毁损不可分离或者虽可分离但花费巨大的，这叫附合。在本案中，装饰装修物质已与房屋结合在一起，例如铺设地板，吊设天花板，贴墙壁纸等，系形成附合。而装饰装修物与房屋未形成完全结合，未达到不可分离状态的，则为未形成附合，如安装热水器、排油烟机等。

现在租房做生意是非常普遍的现象，由此产生的纠纷也不少。为此，最高人民法院于2009年7月30日颁发了《关于审理城镇房屋租赁合同纠纷案件具体应用法律若干问题的解释》〔法释（2009）11号〕（以下简称“解释”），该“解释”第十条规定：“承租人经出租人同意装饰装修，租赁期间届满或者合同解除时，除当事人另有约定外，未形成附合的装饰装修物，可由承租人拆除。因拆除造成房屋毁损的，承租人应当恢复原状。”适用该条款有两个前提条件，一个是承租人装饰装修经出租人同意，即善意添加。二是装饰装修未形成附合。你同意了歌厅的装饰装修，那么承租人在不对房屋造成毁损的情况下，可以卸走激光灯、霓虹灯等未形成附合的物品，而不必经过你的同意。如果由此造成了房屋的损毁，你可以要求承租人恢复原状或者赔偿损失。

问：虽然我同意歌厅铺地板贴壁纸，但没明确说租赁期满怎么办。现在歌厅承租人还向我要地板和壁纸费用，说这是他开歌厅后做的，不给钱就拆除。

答：这个说法不对。“解释”第十二条规定：“承租人经出租人同意装饰装修，租赁期间届满时，承租人请求出租人补偿附合装饰装修费用的，不予支持。”歌厅承租人的装饰装修，你是表示同意的。这样当房屋租赁期满之后，对于已经形成附合的装饰装修物，动产已成为房屋的组成部分，即动产的所有权已归不动产所有权人所有。因此，承租人无权要求你予以补偿，你亦无权要求承租人恢复原状或者赔偿损失。

问：对于美发室的装饰装修和搭建小房，我不知道，现在房屋租赁到期了，承租人想把热水器等拆了就走人，还向我要建小房的费用。我该怎么办？

答：这种情况在城镇的房屋租赁活动中也比较常见。美发室的承租人未经你的同意，在室内对照明线路进行了改造，装了热水器、洗手盆等物品，这些均是美发工作的必备物品，你说不知道有悖于常理。另外，用你的名字建成临时建筑，当时也向你要了产权证的复印件，也应当推定你是知道的。“解释”第十四条规定：承租人经出租人同意扩建，具有合法的手续，扩建费用由出租人承担。按这条规定，你可以拥有小房的所有权，但你应当承担小房兴建的费用。至于热水器等未形成附合的物品，在不对房屋造成毁损的情况下，美发室的承租人还是可以拆除的。

37. 买房人撇开中介私下交易，我能否再要中介费？

问：我是开房屋中介的，这几天遇上一件闹心的事。买房人李某一个多月之前在我这里看中了一套146.38平方米的二手房，该房位置优越，格局合理，楼层适中，封闭小区环境优美，室内装修豪华，卖房人要价93万元，我到现场看过房，觉得这价挺靠谱，不算太贵。我如实向李某介绍了这套房屋的上述情况，还与他签订了“房屋居间合同”，合同明确了房屋地点、面积、楼层、朝向、房主要价等基本情况，合同约定居间中介报酬为房款成交价的1%，居间合同还约定在12个月内，买房人李某或其直系亲属购买此房均视为履行合同的行为等内容。随后，我带李某看了房屋，见了房主。李某和房主谈得挺热乎。以后李某就再没有了消息，我打电话问李某情况，他说太贵不买了。后来我了解到李某已经私下和房主达成了协议，房主已于几天前搬走，李某正在收拾房间。我赶过去问李某，他却说，他爱人和房主爱人是中学同学，上学时关系不错，现在90万成交，便宜了3万多，跟中介没什么关系，所以不能交中介费，要不看中介跑来跑去挺辛苦的，给我300元跑腿费也行。我跟他讲了半天道理，他就是不理我，我该怎么办呢？

答：买房人通过中介看完房后，绕开中介与房主直接交易，这涉及对居间合同的认识。《合同法》第四百二十四条规定：“居间合同是居间人向委托人报告订立合同的机会或者提供订立合同的媒介服务，委托人支付报酬的合同。”居间合同是在1999年新《合同法》颁布之后才确定为独立合同的，它具有四个特点：1. 居间人的主要任务是为他方报告订约机会或为订约提供媒介。2. 居间合同是有偿合同。3. 居间合同是实践式合同。4. 居间人必须有法定资格。结合这个案例，你的这个居间服务是符合这几个条件的。买房人李某通过你的介绍完成了买房的活动，按照合同的约定，他应当向你支付居间服务的报酬。

问： 这种行为属于什么性质呢？

答： 买房人不诚信的逃单行为违反了合同的约定，损害了中介的合法权益，已构成了违约，属合同违约的性质。依法成立的合同受法律保护，买房人应当承担违约责任。

问： 当前房产中介服务中，买卖双方私下交易的情况时有发生，我也不是第一次遇到，那么怎样才能防止再发生这种行为呢？

答： 这就要做到以下几点：首先，发布的售房信息一定要真实，绝对不能夸大，这是对中介服务最基本的要求，也是居间合同站住脚的保证。其次，在买房人看房之前必须签订居间合同，把丑话说在前头。这里强调的是通过房屋的情况判断看房人是否是买房人，年龄、口气、关注程度、价格询问等情况都可以判断出来，坚持必须让买房人签字，并注明身份证号码。再次，跟踪房屋交易情况，及时了解交易进程，如果买房人私下完成了交易，则应及时督促合同签约人履行合同。第四，第一时间沟通，守住底线。在和签约人的交谈中，他们可能提出这样或那样的借口，中介应当表现出坚持合同不松口的决心，当然可以让步，但要有底线，一般是在最后时间让步，金额不小于约定费用的70%。最后，就是签约人在多次督促沟通之后仍然无效的，应当尽快付诸法律。诉讼成功之后，还可以以此为例，向后来的看房签约人介绍相关情况，防患于未然，最大限度防止类似情况的再次发生。

38. 租赁期未满，新房主能撵承租人搬家吗？

问：为了陪孩子读书，我去年8月租了一套房子居住。月租金1200元，租金年交，租期三年。今年2月，原房主把房子卖了。更换房主之后，新房主几次对我说："这么大的房子，地段还好，每月1200元太便宜了，应当再加300元。如果你不同意涨价，那到今年8月份满一年就不租给你了。"我说："租赁合同还没到期呢，你凭什么不租给我？"新房主说："租赁合同是你和原房主签的，换房主后就作废了，跟我还得重新签，要不你就搬家。"你说这事对吗？

答：这事是不对的。你和原房主签订的房屋租赁合同是有效的合同，而且只履行了不到一年，系正在履行过程中，这样的租赁合同是不能随意终止或者变更的，这在法律上叫"买卖不破租赁"。

问：从法律层面解释一下什么叫"买卖不破租赁"。

答：《合同法》第二百二十九条：租赁物在租赁期间发生所有权变动的，不影响租赁合同的效力。《最高人民法院贯彻〈民法通则〉若干意见（试行）》第一百一十九条规定：私有房屋在租赁期内，因买卖、赠与或者继承发生房屋产权转移的，原租赁合同对承租人和新房主继续有效。住建部《商品房屋租赁管理办法》第十二条规定：房屋租赁期间内，因赠与、析产、继承或者买卖转让房屋的，原房屋租赁合同继续有效。上述法律都强调了这样的规定：在租赁合同有效期间，租赁物因买卖、继承等因素使租赁物的所有权发生变更的，租赁合同对新所有权人仍然有效，新所有权人不履行租赁义务时，承租人可以以租赁权对抗新所有权人，这就是民法理论上的"买卖不破租赁"原则。根据上述法律规定，你和原房主签订的房屋租赁合同仍然具有法律效力，且对新房主也有法律约束力。

问：“买卖不破租赁”适用于哪些方面呢？

答：在适用范围上，在是否适用于动产的问题上法律界有些争议，我倾向于这个原则不仅仅限于不动产，对动产也是同样适用的。在交易形式上，“买卖不破租赁”不仅适用于出租人出售租赁物所有权的行为，还包括租赁物的抵押、赠与以及遗赠、互相交换甚至将租赁物作为合伙投资内容等经济活动情况。总之，“买卖不破租赁”在现实生活中的应用是非常广泛的。

问：适用“买卖不破租赁”的原则有条件的要求吗？

答：适用“买卖不破租赁”应当具备以下条件：第一，租赁物的租赁合同已成立并生效，这是“买卖不破租赁”成立的基本条件。第二，租赁物已交付承租人。第三，所有权发生变动是在租赁合同期间。第四，租赁物的出租人将租赁物的所有权已转让给新的产权人。具备上述条件，即使买受人不知道该租赁合同存在，租赁关系仍然能够对抗该买受人。在本案中，“买卖不破租赁”体现为两点：1. 合同内容不能变更，租金每月 1200 元应履行至合同终止。2. 现在虽然发生了原房主把房屋出售的事实，新房主也不能解除房屋租赁合同。

问：这么多法律都有“买卖不破租赁”的规定，那在我们现实生活中有什么重要意义吗？

答：据估算，在我市房地产市场上，从事房屋租赁的单位和个人数以万计，再加上车辆和设备租赁的，更是不计其数了，普及“买卖不破租赁”的知识，对于提高人们的法律观念，在市场交易活动中增强契约意识，规范市场经济秩序，都是非常有意义的。

问：如果新房主固执己见，对我讲的“买卖不破租赁”的原则置之不理，那我怎么办呢？

答：那就只能到房屋所在地基层人民法院提起民事诉讼了。

39. 出租人未通知承租人就把房屋卖给他人合法吗?

问: 老李在市中心有一套门市房，两年前租给我做生意，租期三年。现在合同快到期了，我前几天去找老李续签合同，他却说，房子卖给他弟弟了，让我跟他弟弟去商量。老李的做法让我很生气，因为我对老李说过要买这房子的想法，他口头答应过，怎么现在又卖给他人呢？听说房屋承租人对租赁的房屋享有优先购买权的法律规定，那老李的做法是否违背了这个规定呢？

答: 房屋承租人的优先购买权，是指房屋租赁关系中，承租人在出租人出卖租赁房屋给第三人时,可以有在同等条件下优先购买的权利。《合同法》第二百三十条规定，出租人出卖租赁房屋时，应当在出卖之前的合理期限内通知承租人，承租人享有以同等条件优先购买的权利。

问: 实现优先购买权应具备哪些条件呢?

答: 1. 在租赁合同的存续期间。2. 在同等的条件下购买。在非同等条件下，承租人不能享有优先购买权。同等条件是指承租人与其他购买人在买卖条件上等同，包括买卖的价格、付款的期限和方式等等。3. 必须在合理期限内行使。

问: 合理期限是多长时间呢?

答: 1988 年颁布的相关法律规定为三个月，但这条法律在 2009 年最高法院颁布《关于审理城镇房屋租赁合同纠纷案件司法解释的理解与适用》（以下简称《房屋租赁解释》）后就失效了，合理期限现在没有明确规定。最高法院民一庭负责人在回答记者问时，提出可参考《房屋租赁解释》中第二十四条规定为 15 天，即出租人在出售房屋前 15 天正式通知承租人，并送达其房屋出售合同，即可认定在合理期限内。

问: 老李在根本未通知我的情况下，就把房屋卖给了他弟弟，这是不是侵害了我的优先购买权？

答：认可优先购买权是有一定限制的。《房屋租赁解释》第二十四条，具有下列情形之一，承租人主张优先购买房屋的，人民法院不予支持：（一）房屋共有人行使优先购买权的；（二）出租人将房屋出卖给近亲属，包括配偶、父母、子女、兄弟姐妹、祖父母、外祖父母、孙子女、外孙子女的；（三）出租人履行通知义务后，承租人在十五日内未明确表示购买的；（四）第三人善意购买租赁房屋并已经办理登记手续的。这条法律规定了房屋卖给具备上述情形第三人都不属于侵害承租人的优先购买权。在本案中，老李把房屋卖给了他弟弟，属于出售给近亲属的范畴，符合法律规定，因此没有侵害你的优先购买权。

问：老李和他弟弟不是一奶同胞兄弟，而是同一个爷爷的叔伯兄弟。

答：那情况就不一样了。《房屋租赁解释》将出租人出卖房屋给近亲属可排除承租人优先购买权，是出于有利于家庭和睦及社会稳定的考虑，而老李叔伯兄弟的身份不在这个范围内。

问：我能不能向法院申请撤销老李和他叔伯弟弟的房屋买卖合同？

答：《房屋租赁解释》第二十一条：出租人出卖租赁房屋未在合理期限内通知承租人或者存在其他侵害承租人优先购买权情形，承租人请求出租人承担赔偿责任的，人民法院应予支持。但请求确认出租人与第三人签订的房屋买卖合同无效的，人民法院不予支持。按照这条法律，老李在未通知你的情况下就把房屋卖给了他叔伯弟弟虽属侵害你优先购买权的行为，但法院不会判决老李和他弟弟的房屋买卖合同无效，只能判决老李赔偿你的经济损失。

问：那老李应当赔偿我哪些方面的损失呢？

答：这在法律上也没有明确规定。总的原则应包括建筑新房屋租赁地点的调查费用、搬家的损失、新租赁房屋与原房屋的价差等方面的直接损失，具体可以由法院审判确定。

40. 卖房人隐瞒瑕疵，入住后发现卫生间渗水怎么办？

问： 我前几天看到一则售房信息：80平方米，30万，4楼，简单装修……后来，我们全家人去看了几次房，都觉得楼层、价格、朝向采光等条件还可以。卖房人也说，房子没有任何质量问题，他是急于用钱，才低价出售。于是，我们很快就与卖房人签订了房屋买卖合同，随后支付房款办产权过户手续，装修之后就搬了进去。没有想到刚搬进去一个多月就出现了问题，卫生间地面大面积渗水，给楼下的住户造成了很大的损失，他们经常来找我维修，而维修渗水大约需要六七千元的费用。我们感觉上当受骗了，您说这算不算以欺诈方式签订的房屋买卖合同？

答： 这份房屋买卖合同是否涉嫌欺诈手段签订的，还需要用法律来衡量。《合同法》第五十四条规定：一方以欺诈、胁迫的手段或者乘人之危，使对方在违背真实意思的情况下订立的合同，受损害方有权请求人民法院或者仲裁机构变更或者撤销。结合本案的情况，买房人在相信对方诺言的情况下签订了合同，履行后利益受到了损害，可适用于该条款的规定。

问： 那什么情况属于欺诈行为呢？

答：《最高人民法院关于贯彻执行〈民法通则〉若干问题的意见（试行）》第六十八条：一方当事人故意告知对方虚假情况，或者故意隐瞒真实情况，诱使对方当事人做出错误意思表示的，可以认定为欺诈行为。从本案情况看，卖房人对于出售房屋的介绍中隐瞒了卫生间严重渗水的真实情况，属主观故意，可认定为具有欺诈性质的行为，当然这是比较轻微的。

问： 既然法律对于在签订合同中的欺诈行为规定得很明确，为什么不直接认定合同无效，还得要向人民法院或仲裁机构申请才能变更或撤销呢？

答：这个法条立法的本意主要是考虑了签订合同中具体情况的差异及程度，一刀切的规定有悖于法律公平的原则。从本案的情况看，仅仅是卫生间渗水，花六七千元就可以解决，并未严重到必须撤销合同的地步。我国法律对平等主体之间的民事交易活动始终倡导契约精神，不主张轻易认定合同无效或撤销。如果合同中有疏漏或瑕疵可以变更或补正，而这些情况的查实和认定，仅仅靠双方当事人自身的沟通或联系常常达不到预期效果，在这种情况下，由人民法院查清事实并且进行法律上的认定是非常有必要的。对于本案来说，如果你与卖房人不能达成赔偿协议，就可以到人民法院提起诉讼，请求变更合同内容，确认赔偿责任和数额。双方特别对立不能解决的，才适宜向人民法院提出撤销二手房买卖合同的请求。

问：那什么时间提出合适呢？

答：《合同法》第五十五条规定：具有撤销权的当事人自知道或者应当知道撤销事由之日起一年内行使撤销权。根据上述法律规定，如果你在一年之内和卖房人达不成赔偿协议，就可向人民法院提出撤销房屋买卖合同的诉求。

问：二手房买卖中经常出现这样或那样的纠纷，有哪些应当注意的问题呢？

答：通过购买二手房解决住房问题或改善居住条件是广大市民的一条重要渠道，以下几点可供参考：1. 价格畸低或有蹊跷。一般二手房的出售价格都符合市场的交易价格，如果价格比市场价低很多，除房主急需用钱或调往外地等特殊情况外，可能隐瞒着某种瑕疵。这时不能简单地以为占了大便宜。2. 全面了解情况，不轻易签合同。做到这条主要是头脑清醒，不轻易相信卖房人的忽悠。3. 发现瑕疵，及时沟通，如沟通无果，要在一年内付诸法律解决。

41. 房价缩水能退房吗?

问: 2013年8月，我看上了某封闭小区的一套商品房，在和家人多次考察了解之后，于9月份与开发商签订了商品房买卖合同并支付了全部房款。合同约定，房屋于2014年5月31日入住；如果出卖人违约，则向买受人方支付总房款8%的违约金。2014年8月，该楼盘大幅度降价，各种优惠加起来总额竟达到房款的20%左右，比我买得便宜多了。我买这套房子是投资用的，开发商的行为使我买的房子的房价严重缩水，一下子就损失了七八万元钱，感情上根本无法接受。于是我找一些人联合起来多次找开发商交涉退房，也愿意承担8%的违约金，可开发商就是不给退房。我们想到法院起诉开发商，你说我能胜诉吗?

答: 我个人认为，你们不见得能胜诉。因为你和开发商签订的商品房买卖合同具备了以下三个条件: 1. 主体资格合法; 2. 意思表示真实; 3. 合同内容无违背国家法律法规的强制条款之处。这三个要件表明这是依法成立的合同。《合同法》第八条规定: “依法成立的合同，对当事人有法律约束力。当事人应当按照约定履行自己的义务，不得擅自变更或者解除合同。”按照这条法律规定，你和开发商签订的合同是合法有效的，并且已经实际履行，虽然你愿意承担8%的违约金，但要反悔并承担违约金解除合同，还是要依据法律规定，征得另一方当事人同意。在本案中，就是反悔解除合同必须得开发商同意才行。

问: 按你这么说，我们通过正常的法律程序是很难达到退房的目的了。在我买的这个小区中，像我这样买房投资的有几十个人，大家都感到很窝火，也都愤愤不平的。我们正在酝酿在售楼处门口采取拉出“××开发公司价格欺诈，天理不容!”“××公司还我血汗钱”等大条幅，还准备在售楼处门口敲大鼓，堆垃圾，用高音喇叭宣传等手段揭露开发商骗人的行为，不让开发商卖房或顺利卖房，以达到给我们退房返钱的目的。

答： 你的这个想法是不对的。按照现在的中国国情，房子最主要的功能是居住，如果你是买房自住，就不存在这样的问题。你买房是投资，本身就是一种经营活动，是一笔生意，如果你这样理解，那么做生意有赔有挣就是很正常的事了。近十年来，由于种种原因，我国的房地产价格一路飙升，狂涨不已，造成了买房子投资稳赚不赔的奇怪现象，从而造成了一些人只能看房子涨价不能接受降价的畸形心理。这也是近一段时间来，全国很多地方都出现开发商大幅度跳水降价卖房时，有的已购房业主采取各种手段进行阻挠的事情。2013 年 9 月，山东烟台市万科海云台小区就发生过类似的事情，有的已购房业主采取了你所说的那些过激行为干扰开发企业正常办公，严重破坏了企业的正常秩序，使其受到了巨大的经济损失。

问： 如果开发商不给我们退房的话，我们就不让开发商顺利卖房，这也是我们的一个目的。

答： 这样的行为涉嫌触犯《刑法》第二百七十六条，“由于泄愤报复或者其他个人目的，毁坏机器设备、残害耕畜或者以其他方法破坏生产经营的，”犯了“破坏生产经营罪”，是要受到法律惩罚的。烟台万科海云台两名主要活动者在被多次劝阻无效后，受到了烟台市公安局芝罘分局刑事拘留的处罚。他们得到的这一处理结果，就是不能正确对待房屋价格变化，采取过激行为而付出的代价。

问： 如果我们到有关部门上访，请求政府给予行政干预可以吗？

答： 在当前的情况下，因开发商降价引发购房业主上访的城市有几十个之多，但没有一个城市的政府部门出面干预的，这是政府尊重市场规律的表现，也希望你们调整心态，正确接受楼市在市场经济的调整中价格变化的现实。

42. 城市居民不能购买农民的住房

问：我 2000 年在郊区买了一个农民的住宅，花了 8000 元钱，还有一个大院。我搬进去之后，对房子进行了翻修和扩建，但有关手续还是那个农民的名字。我不明白的是，我们双方签订了《房屋买卖协议》，我全额付了房款，农民也把房子让给了我，合同已经实际履行了十多年，这是我们双方都同意的，为什么县里的有关部门就是不给办理产权过户手续呢？

答：不给你办过户手续是对的。这里有三点应当明确。一、你买的房屋系农民住宅，其建设用地为农村宅基地，属农村集体土地的性质，而农民作为集体经济组织的成员对宅基地只有使用权，没有所有权，因此那个农民对宅基地也是没有处分权的。二、《物权法》第五十九条规定，农民集体所有的不动产和动产，属于本集体成员集体所有。你是城市居民，不是农村集体组织成员，因此没有资格占有农村宅基地。三、《土地管理法》第六十三条，农村集体的土地不得转让。这些都是法律明确规定的强制性条款。对于这个问题，1999 年国务院办公厅《关于加强土地转让管理严禁炒卖土地的通知》第二条：农民的住宅不得向城市居民出售，也不得批准城市居民占用农民集体土地建住宅，有关部门不得为违法建造和购买的住宅发放土地使用证和房产证。《合同法》第五十二条规定，违背国家法律，行政性法规的强制性规定的合同无效。因此，你和农民签订的《房屋买卖协议》违背了国家法律，行政性法规强制性条款，所以是无效的合同。《合同法》第五十六条规定，无效的合同自始就没有法律约束力。第五十八条规定，合同无效或者被撤销后，因该合同取得的财产，应当予以返还。按照上述法律规定，你应当把房屋和宅基地都退给农民。

问：既然合同认定无效了，我可以把房屋和宅基地都退给农民。那么总不能农民只需返给我 8000 元钱购房款就完结了吧？现在农村房屋都涨价了，我对房屋也进行了翻修和扩建，返给我的购房款也应当有个与时俱进的价格吧。

答：对于出卖农村房屋的市场增值部分怎样确认，在法律和政策上没有明确的规定。但法律界却一直存在两种不同的意见。一种是，既然买卖合同无效，就不存在市场价值增值的说法，只需把原来的购房款和这些年同期银行定期存款利息加在一起，一并返给购房人即可。另一种意见是，如果在认定合同无效的基础上，简单地把房屋重建成本和原来购房的成本的差额返给购房人，客观上会助长了一部分人的失信行为，与诚信为本的市场交易原则相悖。根据市场经济不诚信者不受益的原则，可根据房屋买卖时间的长短，结合房屋的重置成本价格，土地区位的补偿价格，房屋翻建、扩建带来的添附价值，多种因素综合进行考虑后一并返还。我个人倾向第二种意见。

问：如果卖房的农民不提出反悔的要求，将来小产权房统一办成大产权，能不能也给我办理呢？

答：首先要明确，农村住宅在房屋系列中有专门的一席之地，有相对应的法规和政策，也有配套的管理办法，和小产权房根本不是一回事。如果农民不提出反悔的要求，村民委员会也不提出异议，你可以在那里继续居住使用。

43. 未经出租人同意，承租人能转租房屋吗?

问： 2014年7月，我在市里用每月2500元的租金开了一间小吃部，租期是三年，到2017年6月末终止。经过一段时间的经营我才知道，炒菜和开饭店根本不是一回事，几乎月月亏损，我实在干不下去了。2015年7月份，我在未通知房主的情况下，就把房屋转租了出去，每月3000元，租期是两年，也是到2017年6月末。和新承租人签完合同之后，我特别高兴，觉得自己也没干什么事，借他人房屋生财，每月净赚500元，真是太合适了。但是好景不长，房主前几天找到我，指责为什么房屋转租不经过他的同意，还说要终止和我的租赁合同，并现在就要把房屋收回去。我跟房主说，租金一分钱也不欠你的，该什么时间交租就什么时间交，租赁期限也不超，那还有什么不行的。可房主就是不同意，你说这事谁有道理。

答： 你的这种行为在法律上叫转租行为。转租是指承租人在不退出租赁关系的情况下，又将租赁物出租给第三人使用，从中收取租金差价的行为。从物权上讲，承租人在租赁期限内取得了该房屋的使用权，但并未取得该房屋的处分权，因此，你作为承租人未经出租人同意，擅自转租是无效的。

问： 法律对这种转租行为有规定吗?

答： 房屋转租是房地产市场活跃的表现，法律对此有明确的规定。《合同法》第二百二十四条："承租人经出租人同意，可以将租赁物转租给第三人。承租人转租的，承租人与出租人之间的租赁合同继续有效，第三人对租赁物造成损失的，承租人应当赔偿损失。承租人未经出租人同意转租的，出租人可以解除合同。"这个法条包含三层意思：1. 经出租人同意，承租人可以转租，出租人同意是房屋转租必备的前置条件。2. 在承租人转租的期限内，承租人与出租人之间的租赁合同仍然有效，第三人如果对承租房屋造成了损失，由出租人对承租人追究赔偿，而不是针对第三人。3. 倘若出租人不同意转租，承租人坚持所为，出租人可以解除租赁合同。

问：那么我每月多收的500元房租怎么算呢？

答：承租人擅自转租房屋的行为损害了出租人的合法权益，其收益一般都定性为不当得利，应当返还给出租人。

问：有这样一个案例请给我解释一下。我的一个朋友在2014年5月1日就把承租的房子转租出去，可是房屋出租人2015年元旦才提出要和我朋友解除租赁合同，两人谈不拢，并开始打官司，前几天法院的判决下来了，出租人却败诉了。这是怎么回事？

答：法院的判决是正确的。《最高人民法院关于审理城镇房屋租赁合同纠纷案件具体应用法律若干问题的解释》第十六条："出租人知道或者应当知道承租人转租，但在六个月内未提出异议，其以承租人未经同意为由请求解除合同或者认定转租合同无效的，人民法院不予支持。"法律对出租人处分权保护是有合理期限的，这六个月就是保护的时效。2014年5月1日到2015年元旦已经将近8个月的时间，早已超过了法律保护的合理期限，所以你朋友承租房屋的出租人在官司中败诉也是合理的。

问：那么房屋转租有哪些应当注意的事项呢？

答：起码应当注意以下四点：1. 转租房屋之前必须征得出租人同意，而且这种同意应当是书面的，最好是在和出租人签订租赁合同时就写清楚，免得日后麻烦。2. 转租有多种形式，包括以联营、承包经营和合作经营等名义，将承租的房屋再出租给他人使用的，特征是凡是不参与经营而获得租金性收益的行为都属于转租行为。3. 转租必须在原租赁合同规定的期限内，超出期限的部分无效。4. 如果第三人在转租期限内死亡，那么其在这个房屋中的其他生意合伙人可以继续承租，直至租赁期满。

44. 开发商逾期办理房屋产权证，业主怎样维权？

问：2012 年 9 月，我在某小区花 40.76 万元买了一套在建楼房，并在签订合同时就交足了全部房款。合同约定，该楼盘 2013 年 12 月 31 日交房，在房屋交付使用 365 日内，把办理产权所需材料报产权管理部门备案。开发商如期交房了，我们也正常入住了，但就是迟迟办不下来产权证，现在已经超过约定办证时间快一年了，开发商还找各种理由拖延。法律对这种情况有说法吗？

答：开发商逾期办理产权证的现象比较普遍，业主也很有意见。对这种违约行为，法律规定是明确的。《合同法》第一百零七条：当事人一方不履行合同义务或者履行合同义务不符合约定的，应当承担继续履行、采取补救措施或者赔偿损失等违约责任。在本案中，合同约定了开发商房屋交付使用后 365 天的办证时间，已经是很宽松了，开发商应当在 2014 年 12 月 31 日前办理完产权手续，如果没有完成，则属违约行为，不但应当继续履行合同的义务，还应当按合同约定承担赔偿责任。

问：我们签订的《商品房买卖合同》使用的是由省建设厅和省工商管理局监制的统一制式的合同文本。合同对于开发商逾期办证列举了三种情况供买受人选择。第一种情况是买受人退房，出卖人在多少日内退还已付房款，并给买受人百分之几的损失。第二种情况是买受人不退房，出卖人逾期交房按日向买受人支付总房款万分之几的违约金。第三种情况是双方协商解决。由于我们没有经验，开发商又事先在《商品房买卖合同》上都用“×”划掉了第一项和第三项，并在第二种情况的万分比上也事先就盖上了“0.01”的胶皮印章，这样我就只有签字的份了。现在认真一看，开发商逾期办理产权证，每日只承担我已交付总房款 406700 元的万分之一即 40.70 元的违约金，365 天只有 14855.5 元，这能起到约束作用吗？我们感到被开发商耍了。那么，遇到这种违约金太少的情况法律是怎么规定的？

答：民法上的违约金应当起到赔偿性和惩罚性的双重作用，以示对契约精神的尊重和对违约行为的惩罚。《商品房买卖合同》中逾期办证供买受人选择第二种情况的“买受人不退房，出卖人逾期交房按日向买受人支付总房款万分之几的违约金”的规定是有缺陷的。本案中按日累计总房款万分之一的违约金，根本谈不上对开发商有惩罚作用。这是开发商利用了提供制式合同的优势和买受人不认真审查合同的情况，把买受人引入了设计好的圈套里。对这种一目了然的显失公平的约定，如果业主自行与开发商协商未果，就应当通过法律途径解决。《合同法》第一百一十四条：“当事人可以约定一方违约时应当根据违约情况向对方支付一定数额的违约金，也可以约定因违约产生的损失赔偿额的计算方法。约定的违约金低于造成的损失的，当事人可以请求人民法院或者仲裁机构予以增加，约定的违约金过分高于造成的损失的，当事人可以请求人民法院或者仲裁机构予以适当减少”。类似案件在通过法律途径解决问题时，特别注意要举出因约定违约金太少，从而造成增加损失赔偿额的事实依据，至少可以比照银行贷款的利息计算损失。

问：什么时间通过法律途径解决合适呢？

答：这就涉及诉讼时效问题，也是业主维权最容易忽略的。《民法通则》第一百三十五条：向人民法院请求保护民事权利的诉讼时效期限为两年，法律另有规定的除外。开发商逾期办证属业主的权益受到了侵害，请求变更开发商增加违约金应当在知道或应当知道的两年期限内主张。在本案中，业主应当在 2016 年 12 月 31 日前明确表示诉求或通过法律的手段主张权利，否则或许不受法律保护。

45. 承租人不交物业费，房主承担连带责任

问：我在某封闭小区有一处房屋，自2013年4月就出租给他人居住，并签订了三年房屋租赁合同，合同约定由承租人交纳水电煤气及物业费用。由于承租人对物业不满意，所以一直未交物业费，截至2016年5月份承租人租赁期满，已拖欠物业费六千多元，现在承租人搬走了，物业公司到法院起诉承租人拖欠物业费，还让我承担连带责任。你说这事有法律依据吗？

答：这事有法律依据。国务院《物业管理条例》第四十二条规定，业主应当根据物业服务合同的约定交纳物业服务费用。业主与物业使用人约定由物业使用人交纳物业服务费用的，从其约定，业主负连带交纳责任。上述法律条款都明确规定，如果承租人不交物业费，房主是不能推卸连带责任的。

问：虽然法律规定“业主负连带交纳责任。”但我还是不能理解，如果我不同意物业公司的意见，也到法院去起诉，我能胜诉吗？

答：这样的问题也是许多出租房屋业主心中的困惑。2009年10月1日施行的《最高人民法院关于审理物业服务纠纷案件具体应用法律若干问题的解释》〔法释（2009）8号〕第七条，“业主与物业的承租人、借用人或者其他物业使用人约定由物业使用人交纳物业费，物业服务企业请求业主承担连带责任的，人民法院应予支持。”在本案中，物业公司到法院起诉承租人拖欠物业费，并提出让房主承担连带责任的主张有法律依据，一般能够得到法院的支持。

问：我和房屋承租人签订了《房屋租赁合同》，合同约定他交纳物业费用，物业公司起诉他不交物业费我可以理解，那为什么不按合同的约定单独起诉承租人，而是让房主也承担连带责任呢？

答：首先，你与承租人签订《房屋租赁合同》是对你们双方民事行为的约定，不能约束第三方，所以对物业公司没有约束力，不能限制物业公司的诉求。其次，民事合同不能违反法律规定。法律确认物业使用人的支付物业费义务，是从物业使用和管理的实际出发，法律规定的“从其约定”是尊重房主和房屋承租人的意愿；但是，这并不能因为法律确认了房屋承租人的支付物业费义务而否定房主的支付物业费的义务和责任。房主是物业服务合同的实质当事人，虽然因物业交付他人使用而不直接享用物业服务企业的服务，但实际上房主收取了房租金实际是物业服务的最终受益人；房屋承租人之所以能够享用的物业服务，实际上是物业服务企业对房主依据物业服务合同应该提供的服务，只不过房主因不占有使用其物业而将这种利益让渡给了其同意的房屋承租人而已。因此，不论房主是有偿或者无偿地将物业交给物业使用人（含房屋承租人）占有、使用或者收益，房主对于物业费的支付都负有不能推卸的义务。这就是法定的连带之债，产生于法律的直接规定，这种债务当事人不能通过合同等形式加以排除。

问：如果法院判决我对房屋承租人拖欠的物业费承担连带责任，那我无话可说，但这样承租人不是占便宜了吗？

答：连带责任是我国民法中一项重要制度，其目的在于补偿救济，加重民事法律关系当事人的法律责任，有效地保障债权人的合法权益，一般由当事人约定或法律规定。在本案中，如果法院判你承担连带责任，交纳应当由承租人交纳的物业费，法律依据充分。根据法院的判决，你承担了房屋承租人应当履行的缴纳物业费的义务，那么，你还可以另行向房屋承租人追偿，也可以得到法律的支持。

46. 农村小伙进城买房的坎坷经历

问：现在房地产市场活跃，房产纠纷也不少，你从事房产纠纷裁决工作几十年，给我们讲讲这方面的故事吧。

答：那我就讲一个吧。2009 年 4 月，农村小伙许山虎（化名）携女友到城里来卖山货，在一间楼房租住。小伙子的山货质量好，价格公道，卖得很顺利，两个小青年的日子也过得有滋有味。不久，女友怀孕了，女友主张要生孩子，得先买房结婚，结了婚在自己的房里生孩子，住着踏实。根据他们的经济能力，买商品房没有可能，只能选二手房。眼看着女友身材日益明显，房子还未落实，小两口急得火烧火燎的。到 2009 年年底，终于和一个叫邓大群（化名）的卖房人进行了沟通。

房屋是棚改房，三楼，南北通透，47.80 平方米，简单装修，房价 54500 元，先付 53000 元，留 1500 元做押金，待 2012 年政策允许办产权时再支付。2009 年 12 月 9 日，许山虎与邓大群签订了《房屋买卖协议书》，邓大群把动迁认证材料、安置材料、进户材料等一档案袋的材料原封不动地交给了许山虎，许山虎看了一眼，就掏出了 53000 元给邓大群，两人挥手再见。女友的情况实在是太急迫了，许山虎马上装修买家具。22 天后，这间房成了许山虎的新房。

问：买房虽然仓促点，但还算圆满。

答：但麻烦刚刚开始。婚后的一天，许妻翻看房屋材料时发现，房产执照复印件上产权人的姓名是吴子昆，邓大群只是在《棚户区房屋搬迁产权调换协议书》上的买方栏签了名字，而卖方吴子昆（化名）则是空白。许山虎就去找邓大群，邓大群说："这房是我 1988 年从吴子昆手买的，当时没办产权手续，这得从头办吧。"许山虎一愣，但也只能如此。2012 年 6 月，这地区开始办产权，许山虎又去找邓大群，结果邓大群的邻居告诉他，邓大群前几天得急病死了。

问：死了？那就找房主吴子昆呗。

答：上哪儿去找？许山虎托人查公安网，后来仲裁又在报纸上刊登了公告，都没有吴子昆的信息。

问：现在找不着吴子昆，邓大群又死了，那咋办？

答：费了好大劲，许山虎才知道，邓大群妻子早逝，他就单身一人。两个孩子，女儿远嫁北京，儿子未婚，居无定所。又费了好大劲，许山虎才找到邓大群的儿子邓万财（化名）。邓万财说，现在要办产权了，把押你那儿的 1500 元先拿出来吧，许山虎就掏出了 1500 元给邓万财送去。邓万财又说："现在房子都涨价了，你这套房子怎么也值 9 万多，你再拿 3 万元，我给你办产权。"为此两人发生纠纷，许山虎按合同约定申请仲裁。邓万财提出："时间就是金钱，我参加一天仲裁你就得支付 500 元的误工费。"经许山虎哀求，降到了每天 300 元。邓万财还说："我姐也是继承人，她从北京回来打官司，你得承担交通费、住宿费、补助费等。"许山虎一听，脑袋都大了。经许山虎再三哀求，邓万财姐姐在北京做了个放弃继承的公证，许山虎又拿出 2800 元才算了事。2014 年 3 月 18 日，仲裁委员会下发法律文书：买卖合同有效，房屋归许山虎所有。但由于产权档案房主是吴子昆，法院执行过程中又发生许多曲折，直到 2016 年 5 月，许山虎才拿到产权证书，时间足足有三年之久。

问：这个房屋买卖一波三折，是够复杂的，听着都让人发蒙，读者能从中汲取什么教训？

答：房屋买卖对每个家庭都是大事，必须认真对待。今天这个案件虽然有偶然性，但有三点普遍意义。一是切忌着急，必须认真看产权证及相关材料，不能光听不看。二是详细了解房主其他家庭成员的态度，特别是配偶和子女的态度。三是必须见到房主本人，即便是房主年老体弱也得见面，见面之后才能与房主委托的他人谈相关事宜，绝不能轻信他人空口无凭的忽悠。

47. 房主不修房，我能拒付租金吗?

问: 我在国道边租了五间门市房做生意，入住之后才发现，房屋存在一些质量问题，不但房顶漏水，而且墙上发黑长绿毛，其他方面也有一些毛病，这些都对我的生意产生了很大的负面影响，而这些问题却是房主事先未交代的。我找房主要求修房，他却怪我当初没看好，不给维修，我找了几次也没有结果。你不仁我也不义，我决定从现在起就不给房主租金了，我自己修房屋，这样可以吗?

答: 这个问题具有一定普遍性，房主不修房，租客不交房租，越闹越对立，不利于解决问题。对于这样的问题责任的认定，法律规定是比较明确的。

《合同法》第二百二十条规定，“出租人应当履行租赁物的维修义务，但当事人另有约定的除外”。第二百二十一条规定：“承租人在租赁物需要维修时可以要求出租人在合理期限内维修。出租人未履行出租义务的，承租人可以自行维修，维修费由出租人负担。因维修租赁物影响承租人使用的，应当相应减少租金或者延长租期。”上述两条法律都是关于租赁物维修方面的规定。

一般来说，出租人应当履行租赁物的维修义务。如果租赁合同对租赁期间的财产维修保养责任未做约定，出租人不履行修缮义务，承租人可以终止合同或者从租金中扣除维修的费用，这是法律为保护承租人的利益而规定的承租人的自助行为。

问: 法律对承租人还有什么要求吗?

答: 这个法条同时规定承租人也负有通知的义务。所谓的通知义务是指：在租赁关系存续期间，租赁物发生质量问题需要维修的，应及时通知出租人维修并要求其承担费用。在本案中，你告诉了房主，但他不愿意维修，你就可以自己维修。但这当中有两点应当注意：一是不能进行超过实际情况的过度维修，比如特别豪华的维修，比如使用不适于这个房子的高档建筑材料等等。二是在维修过程中保留相应的合同及发货票等原始材料，以便日后和房主结算。但是，你拒付房租是不妥的，可以根据你的维修费用的多少从租金里扣除，而不是简单地拒交租金。对照这条法律规定，你在维修房屋过程中发生的包括生意中的直接损失，也可以从租金中扣除。

问：为了减少维修费用，我自己上房顶协助大工干活，不慎从房顶掉下摔伤，我为此看病也发生了一些医疗费用，是不是也可以从房租中扣除呢？

答：《民法通则》第九十三条及最高法院《关于贯彻执行〈中华人民共和国民法通则〉若干问题的意见（试行）》的一百三十二条规定，没有法定义务或约定义务的为避免他人利益受损失进行管理或服务的，有权要求受益人偿付由此而支付的必要费用。包括在管理或者服务活动中直接支出的费用，以及在该活动中受到的实际损失。按照上述规定，你因上房维修而摔伤发生的实际支出的医疗费用也是可以从租金中扣除。但应当指出的是，你得拿原始单据和房主先对对账说明情况，取得房主的认可。

问：我在那里经营的不错，还想租赁期满后继续干下去，不想和房主弄僵，应当注意哪些事项？

答：有三点供你参考。一是讲清楚。不但房屋存在的质量问题的事情要讲清楚，而且这方面的法律规定也要讲清楚，不让他认为你的行为是无理取闹或者多此一举。二是完成维修。因为房屋的一些材料包括图纸都在房主手里，只有房主的积极配合，房屋的维修工作才能完成得更快更好。三是注重沟通。因为你还想在租赁期满后继续干下去，就应当让房主理解认同你的做法，让他感到把房子租给你他很放心，愿意与你继续合作。

48. 购买期房应当注意什么?

问: 我家想改善住房条件，但在购买期房还是现房的问题上家中未达成一致，我是倾向买期房的，但又说不明白，给我介绍一下购买期房的相关常识好吗?

答: 人们习惯上把在建的、尚未完成建设的、不能交付使用的房屋称为期房。购买期房至少有四点好处: 1. 由于新建楼盘的销售工作刚开始，开发项目的所有房型、楼层、朝向都很齐全，购房者有比较大的选择余地。2. 价格能有较大的优惠。开发商开发一个楼盘至少需要 1 至 2 年的时间，为了及时回笼资金，对购买期房者在价格上都有相当的优惠政策。3. 付款轻松。首付款一般仅占总房款 20%~30%；其余付款时间和数额可以和开发商协商，还可选择按揭贷款。4. 工程质量随时可见。签订合同后，购房者可随时去现场观看工程进度，对于房屋结构、墙体构造、水暖电等设备管路、管线、接口这些建好后不易观察的部分，都可以一览无余，也便于监督和提出意见。

问: 购买期房有哪些注意事项呢?

答: 首先，摸清开发商的老底。现在的开发商良莠不齐，仅看花花绿绿的广告和听售楼小姐的忽悠是不够的，选择大品牌、实力强、业绩好的开发商，可以避免由于资金链断裂，楼盘迟迟不能交工，也可以降低购房风险。其次，在售楼处看“五证”原件。开发项目只有取得《土地使用权证》《建设用地规划许可证》《建设工程规划许可证》《建设工程施工许可证》和《商品房预售许可证》五种证件，售房才是合法完备的。有的售楼处张贴“五证”的复印件，或者说“正在办理”“明天就拿来”等托词，基本上都是不真实不靠谱的。现在有的楼盘入住几年还是临时用电或者办不下来产权证，当时开发手续不齐全就卖房是重要原因之一。

问：现在我市售楼处使用的都是省建设厅和省工商局统一监制的《商品房买卖合同》（以下简称“商品房合同”），怎样填写这样的合同呢？

答：“商品房合同”是省建设厅和省工商局为了规范房地产市场而监制的全省统一的规范性格式合同，签订时应当注意以下几点：首先，认真签“商品房合同”。不受售楼小姐和五光十色沙盘的影响，把合同通篇看明白，力争每一条款都弄清楚，尤其是选择或填空的条款更要看懂吃透，最好把合同复印或主要内容记下来，研究明白再签。其次，尽量拒绝正式合同文本后边的《合同相关内容补充条款》（以下简称“补充条款”）。“商品房合同”是省建设厅和省工商局全盘考虑到我省房地产发展的实际情况，考虑到购房者对房地产法律的认知程度，广泛征求了市民意见后，请房地产专家反复修改后制定的，内容比较全面，维护了买卖双方的合法权益，可以放心使用。但有些开发商在正式合同文本的后边添加了一份自己拟定的“补充条款”，作为对正式合同的修改，有的甚至写上：本协议是双方房屋买卖“达成的唯一合同，双方在此之前达成的所有口头或书面之协议、同意、承诺均对双方无约束力”的内容，彻底颠覆了“商品房合同”的公平性质，其内容是有利于开发商的。

问：交纳购房款有什么说道吗？

答：签合同时最好交纳 51% 以上的房款。2002 年 6 月 20 日，最高法院颁布《关于合同法第 286 条理解与适用问题的请示》，其中规定，“一、人民法院在审理房地产纠纷案件和办理执行案件中，应当依照《中华人民共和国合同法》第 286 条的规定，认定建筑工程的承包人的优先受偿权优于抵押权和其他债权。二、消费者交付购买商品房的全部或者大部分款项后，承包人就该商品房享有的工程价款优先受偿权不得对抗买受人。”这样，只有买受人交了 51% 以上的房款，符合交纳大部分房款的条件，才能确保在开发商拖欠施工企业工程款受到起诉的情况下，仍然能够实现购房目的。

49. 我购买了已经抵押的商品房怎么办?

问: 2014年10月30日，我与某开发公司签订了一份《商品房买卖合同书》,合同约定:我以62.45万元的价格购买该开发公司的一套商品房，合同注明了该房屋的面积，栋号、单元、房号及房屋座落，单价，房款等各项信息，明确了2015年8月31日之前入住等具体内容。随后我一次性全额交齐了购房款。但是，房屋在2015年8月31日并未如期交付，直到2016年3月6日，开发公司才下发了"入户通知书"。我缴纳了物业费、水电费、垃圾处理费等相关费用之后就搬了进去，但是迟迟未能办理产权。开发公司声称，这栋楼没有问题，就是有些材料未整理完备，所以现在暂时不能办理产权。公司经理说:"什么时候办产权能咋地，反正也不耽误你们居住。"后来我们了解到，这些房子都已经抵押给银行做贷款了。那么，开发公司把房子抵押给银行之后还能出售吗?

答: 开发商在开发过程中，为了融资的需要，把在建工程抵押给银行来贷款，这是有法律依据的。《最高法院关于〈担保法〉的司法解释》第四十七条:以依法获准尚未建造的或者正在建造中的房屋或者其他建筑物抵押的，当事人办理了抵押物登记，人民法院可以认定抵押有效。根据这条法律规定，抵押并不影响楼房的销售，正常情况是待一批楼房销售之后，开发商再拿钱到银行去解押，那样做并没有问题。

问: 但是开发公司在售房时隐瞒了房屋已经抵押给银行的事实，这属于什么性质的问题?

答: 《最高法院〈民法通则〉司法解释(试行)》第六十八条规定:"一方当事人故意告之对方虚假情况，或者故意隐瞒真实情况，诱使对方当事人作出错误意思表示的，可以认定为欺诈行为"。根据这条法律，你们购买房屋系为了取得房屋所有权，包括占有、使用、收益、处分等各项权利，而不单是为了占有、使用房屋。开发公司在订立合同时隐瞒涉案房屋存在抵押的事实，致使涉案房屋的所有权完整性受到侵害，严重影响交易安全，违反诚实信用原则，属于欺诈售房行为。

问： 既然开发公司存在欺诈性质的售房行为，我们要求退房行不行？

答：《合同法》第五十四条：“一方以欺诈、胁迫的手段或者乘人之危，使对方在违背真实意思的情况下订立的合同，受损害方有权请求人民法院或者仲裁机构变更或者撤销”。第五十五条规定，当事人可以在一年内行使撤销权。根据这两条法律规定，你在规定时间内向人民法院或仲裁机构申请撤销《商品房买卖合同》，我认为是能够胜诉的。如果胜诉了，你可以要求退房。

问： 如果法院或仲裁机构撤销了《商品房买卖合同》，除了退房，开发公司还能够受到哪些法律制裁呢？

答： 最高法院《关于商品房买卖合同纠纷的司法解释》第九条规定：“出卖人订立商品房买卖合同时，具有下列情形之一，导致合同无效或者被撤销、解除的，买受人可以请求返还已付购房款及利息、赔偿损失，并可以请求出卖人承担不超过已付购房款一倍的赔偿责任”，“故意隐瞒所售房屋已经抵押的事实”。最高法院的这条法律规定对于开发商的惩罚是比较严厉的，目的就是规范整治房地产市场交易秩序，使房地产开发工作能够健康有序发展。在法院或仲裁机构撤销了《商品房买卖合同》之后，你可以提出以下四项的赔偿要求：1. 返还已经交付的 62.45 万元的购房款 2. 从交付购房款时到提出退房要求之日的同期银行贷款的利息。3. 购买该房屋过程中发生的直接损失，但必须有证据佐证。4. 最多还可以提出 62.45 万元的赔偿款。这四笔资金加在一起，应当至少在 124.90 万元以上。当然，你若能得到这么高的全额经济补偿也是很不容易的，除了会遭到开发公司的强烈抗辩之外，你手里是否有特别确凿有力的证据材料才是关键之关键。

物业服务篇

WUYE FUWU PIAN

50. 汽车小区被刮，物业是否担责？

问： 我住的是封闭小区，物业公司在小区道路的一侧画上了停车位并进行了编号，以100元/月的价格出租给业主，解决了部分业主停车难的问题。由于道路狭窄、弯道、业主驾车水平不一等原因，车辆在小区内被刮蹭的事件时有发生。一般情况下，车主不知道谁干的，找物业也不给赔，只好自认倒霉。虽说修车要百八十块到几百块钱的费用不是什么大事，但爱车被刮那个憋气窝火的劲儿让人心里特别不舒服。请问，这种事情应该由谁负责？

答： 首先要明白，谁刮了你的爱车。根据侵权责任法的规定，侵权行为的归责原则是有过错才承担民事赔偿责任。所以，刮车人应当对被刮车辆业主承担赔偿责任。而对于物业来说，不存在侵权行为，也就不能承担由于他人的侵权行为造成业主车辆损失的赔偿责任。

问： 虽然物业不是刮车的责任人，但业主是交了停车费的，物业收了停车费为什么不给赔偿？

答： 这要看你交的是什么钱，是否和物业构成了保管合同。

问： 业主和物业并未签订什么合同，但物业给了我们一张交费收据，上面注明了几号车位和使用人，交费金额和使用时间等内容，比较简单。

答： 一般来说，交费收据是物业收停车费的唯一文字材料，但这并不能证明你和物业签订了保管合同。按照《合同法》的相关规定，法律意义上的"保管合同"是保管人保管寄存人交付的保管物，并返还该物的合同。有以下特征：1. 保管合同属于提供劳务的合同，保管期间不能使用保管物，保管物的所有权也不发生变化。2. 保管合同是实践性合同，自寄存人将保管物交付保管人时成立。3. 保管合同既可以是单务、无偿、不要式合同，也可以是双务、有偿、要式合同。如果物业与业主存在保管合同关系，还应满足以下两点：一是必须签订书面的保管合同，合同内容应尽量做到条款齐备、文字表述清楚、双方责任明确。二是保管费用与保管物体的经济价值有相对应的比例，且视保管物的价值不同而有明显的区别。而现在物业收取的停车费，既没有和业主签订书面的保管合同，收费小票不是保管合同成立的证明。所以从停车收费的角度看，物业对于车辆在小区被刮蹭不承担赔偿责任。

问：那我们交付的是什么钱呢？

答：物业公司收取的是停车服务费，不包含车辆的保管费用。

问：我们交了物业费，物业公司不应当承担对车辆的安全责任吗？

答：物业公司应当提供那些服务，《物业管理条例》第三十五条规定得十分清楚："物业服务企业应当按照物业服务合同的约定，提供相应的服务。物业服务企业未能履行物业服务合同的约定，导致业主人身、财产安全受到损害的，应当依法承担相应的法律责任。"如果业委会和物业签订的《物业服务委托合同》中有关于车辆保管的内容，那物业公司就应按合同约定赔偿；倘若没有，那么物业对于车辆在小区内的存放管理是一种责任，若发生刮蹭行为，物业应配合调查。

问：那物业公司不应当承担连带责任吗？

答：《民法通则》第一百三十条，"二人以上共同侵权造成他人损害的，应当承担连带责任"，物业公司没有对业主实施侵权行为，所以不承担连带责任。

问：如果我坚持到法院起诉物业公司要求赔偿，结果会咋样？

答：全国各地法院每年都有受理类似诉讼案件的情况，但业主胜诉的很少。目前完全杜绝车辆被刮蹭的事情很难做到，加强和谐社区教育，提高业主素质，业主开车进入小区后小心驾驶，是防止车辆被刮的根本措施；拓宽停车通道，增加监控减少盲点，确定刮车人后果断地要求赔偿，或许是当前减少刮车的有效办法之一。

51. 物业在小区内收停车费不违法

问: 在微信朋友圈内，一条信息在很长时间内被反复转载，网帖直言："小区内停车费是不用交的！"发帖人声称物业收取停车费不合法。本来物业在小区收停车费就是敏感的话题，这条信息挑动了"小区停车应不应当收费？"的神经，让很多业主处于心理不平衡状态。请您唠唠这个话题。

答: 从 2003 年 6 月国务院颁布《物业管理条例》以来，对这个问题的争论就从来没有停止过。虽然 2007 年 3 月颁布的《物权法》明确了一些事情，但对有些问题的认识也不尽相同，从哪里说起呢？

问: 就从"物业收取停车费合不合法"说起吧。

答: 微信发帖人声称《物权法》第七十三条规定，小区内的道路、绿地、公用设施和物业服务用房，属于业主共有；第七十四条第三款规定，占用业主共有的道路或者其他场地用于停放汽车的车位，属于业主共有。发帖人为此质疑："既然公共用地属于业主共有，凭什么还要收费？"

问: 对呀，很多业主都是这么理解的。

答: "小区停车位属于业主共有，业主停车无须交费"的说法是对《物权法》的曲解。首先，虽然小区内停车位的所有权属于全体业主共有，应理解为全体成员共有，并非属于哪个业主的个体拥有。如果不实行收费管理的话，等于是有车位业主侵犯了无车位业主在小区公共面积的所有权。其次，管理车辆需要增加管理成本，停车道路加速破损维修、监控的配置维修等都需要费用，如果这些资金没有来源，则只能用物业费列支，也就是有车位业主侵占了无车位业主的利益。再次，《物业管理条例》第五十五条规定，利用物业共用部位、共用设施设备进行经营的，应当在征得业主大会的同意后，按照规定办理有关手续。综上，物业完成上述工作，在小区内收取停车费并不违法。

问：虽然物业在小区内收取停车费不违法，停车收费也是普遍现象，但许多业主对此事还是心里不舒服，这是为什么？

答：主要是物业违规操作造成的。1. 物业收取停车费未征得全体业主或经业主大会同意，亦未按规定办理相关手续。收停车费的所有行为都是物业自行做主，让业主有被冷落受侵害的感觉。2. 收入不透明。虽然物业规定了车辆的交费金额，但车辆数量是变化的，物业对停车费收入讳莫如深，从而使业主普遍认为收费存在着黑幕或猫腻。3. 支出成谜团。按照《物业管理条例》的规定精神，停车费的收入应当用于补充物业收费不足，坚持停车收费用途合理的原则，如及时维修小区道路，增加照明及监控设施等。但大部分物业公司却随意支配停车费的收入，甚至出现了对业主提出及时修复小区严重损坏道路合理诉求不予理睬的事情。所有这些，都是业主不高兴的原因。

问：怎样才能让小区收费走上正轨呢？

答：应当考虑以下几点：1. 完善停车收费的程序和内容，使其合法化。停车位的设置和数量、收费的标准和支出、停车的管理及相应的维修等问题，都要经过业主大会同意，否则，业主大会有否决权。2. 规范停车费的收费行为。物价部门要根据《关于进一步完善机动车停放服务收费政策的指导意见》〔发改价格（2015）2975 号〕的精神，针对每个小区内停车的具体情况，依法核准《物业服务委托合同》约定的收费标准，严厉查处物业公司随意定价的行为。3. 房地产行政管理部门应当加强对物业的管理。一是制定规范物业小区停车收费的管理制度，让物业和业主都有所遵循。二是支持业主委员会在小区停车收费中发挥监督作用。三是按照《物业管理条例》第六十四条规定，对于擅自在小区道路及公共面积进行收费的单位，由县级以上人民政府房地产行政主管部门应当责令限期改正，给予警告，并可处 5 万元以上，20 万元以下的罚款。

52. 实施窗改门应当征得全楼业主同意

问：我父母家住市里某小区六楼，是临街的楼房。最近一楼有个业主正在热火朝天地进行着窗改门的工程，说是要开火锅城。我家老人气管不好，火锅城对我父母的身体健康肯定有影响。我去找一楼业主理论，他说大部分业主都同意了，现正在找有关部门审批。这事应当怎么办呢？

答：自 20 世纪 80 年代以来，在城市规划区内，新建楼房的性质是由城市规划要求来决定的。由于市场经济的不断发展，许多原来的住宅逐渐也具备了从事商业性活动的条件，这就使一部分住宅改变为商业用房，并且对门窗进行了改造，以符合经商的需求，这就是所谓的窗改门。随着这种现象的增加，由此产生的纠纷也多了起来。最高人民法院针对这一情况，于 2009 年 5 月 14 日颁布了《关于审理建筑物区分所有权纠纷案件具体应用法律若干问题的解释》,〔法释(2009)7号，以下简称“解释”〕其中第十条规定：“业主将住宅改变为经营性住房，未按《物权法》第七十七条的规定经有利害关系的业主同意，有利害关系的业主请求排除妨害、消除危险、恢复原状或者赔偿损失的，人民法院应予支持。”这就是从民法相邻关系的角度加强了对其他业主合法权益的保护，并且很具体，“排除妨害、消除危险、恢复原状和赔偿损失”这四条都是业主可以主张的权益。

问：上述“解释”中提到了《物权法》第七十七条，那么《物权法》又是怎么规定的呢？

答：《物权法》第七十七条规定：“业主不得违反法律、法规以及管理规约，将住宅改变为经营性用房。业主将住宅改变为经营性用房的，除遵守法律、法规和管理规约外，应当经有利害关系的业主同意。”这条法律明确了两点：1. 窗改门要经过有关部门批准。2. 还应当经有利害关系业主的同意。

问：怎么才能确定是不是“有利害关系的业主”呢？

答：“解释”第十一条规定：“业主将住宅改变为经营性用房，本栋建筑内的其他业主，应认定为《物权法》第七十七条所称‘有利害关系的业主’。建筑区划内，本栋建筑之外的业主，主张与自己有利害关系的，应证明其房屋价值、生活质量受到或者可能受到不利影响。”这就把有利害关系业主的范围划得非常清楚了。还必须指出，“解释”第十条第二款规定，“将住宅改变为经营性住房的业主以多数有利害的业主同意其行为进行抗辩的，人民法院不予支持”。根据这条法律规定，火锅城业主说大部分业主都同意了就认为可以的观点是误读，相关行政部门仅仅征得窗改门上层业主的同意就进行了审批也是不对的。

问：窗改门涉及了业主的切身利益，适用了那么多的法律条款，能把这些法律规定简单总结一下吗？

答：总结上述法律条款，可以归纳为四点：1. 业主窗改门不但要经过有关部门批准，还要本栋楼业主和其他楼房有利害关系业主的同意。2. 对本栋楼业主来说，应当是全部的业主，不能搞少数服从多数。3. 如果你不是这栋楼业主，声称窗改门对你的生活也有影响，那要拿出证据来。4. 倘若实施的窗改门的业主未经过你的同意就擅自开业，在你沟通无果的情况下，可以向行政主管部门投诉或通过法律手段来维护你的合法权益。

53. 物业公司擅自转让物业服务合同无效

问：我们小区的物业公司在业主和业主委员会都不知情的情况下，擅自把小区的物业服务转让给了另一个物业公司，你说这事对吗？

答：物业公司这么做是不对的。这样的事情在我市虽然是个案，但也时有发生，影响很坏。物业公司和代表广大业主的业主委员会签订的《物业服务委托合同》是物业公司在小区内实施物业服务的法律基础，物业公司和业主委员会是合同的双方当事人。现在双方不但签订了合同而且正在履行过程中，证明双方都在合同约定的框架内实施活动。《合同法》第八条："依法成立的合同，对当事人具有法律约束力。当事人应当按照约定履行自己的义务，不得擅自变更或者解除合同。依法成立的合同，受法律保护"。这条法律强调了民事活动中的契约精神，即在民事合同生效之后，不能擅自变更或解除，这当中既包括合同内容也包括双方当事人的身份。

问：物业公司辩解的理由是，新物业公司给业主服务的内容没变，业主交费的价格没变，双方都没受损失，所以我转让物业服务也没毛病。

答：物业公司的辩解理由也是站不住脚的。《合同法》第八十八条：当事人一方经对方同意，可以将自己在合同中的权利和义务一并转给第三人。

问：一方当事人转让合同为什么要"经对方同意"呢？

答：这其实是对转让合同属于民事"要式合同"的性质认定。

问：什么叫"要式合同"呢？

答："要式合同"是指必须经过特定形式或手续才能成立的合同，这在《合同法》中有明确规定，是个大题目，以后还要专门讲。在本案中，业主委员会的同意就是合同转让成立的必经程序，也是转让合同成立的前置条件。业主委员会作为当事人的一方根本就不知情也就更谈不上同意了，所以尽管第三方物业公司服务内容和标准未变，业主交费标准也未变，但由于缺少业主同意的前置条件，物业公司转让物业服务合同的民事法律行为是不成立的，这个转让合同也是无效的。

问：结合本案，法律允许的合同转让包括哪些内容？

答：合同转让即是合同权利和义务的转让，但在合同转让过程中，必须按照法律规定的程序进行。住建部在2010年10月14日颁发了《物业承接查验办法》〔建房（2010）165号〕（以下简称《查验办法》），以此来规范开发企业和物业企业之间，业主委员会和选聘的物业服务企业在物业承接之间的交接工作。其中第四十一条：物业承接查验活动，业主享有知情权和监督权。在本案中，物业公司之间擅自转让物业服务的行为就是侵害了业主的知情权和监督权。

问：因为物业公司擅自转让物业服务，给业主带来了经济上的损失，应当怎么办呢？

答：《查验办法》第三十九条：物业服务企业擅自承接未经查验的物业，因物业共用部位、共用设施设备缺陷给业主造成损害的，物业服务企业应当承担相应的赔偿责任。第四十一条第二款：物业所在地房地产行政主管部门应当及时处理业主对建设单位或物业服务企业承接查验行为的投诉。这就明确了物业行政主管部门对这种违规行为负有不可推卸的管理责任。

问：虽然物业公司之间转让物业合同无效，但他们都不改正，怎么办？

答：如果两个物业公司都无动于衷，可按《查验办法》第四十二条的规定，向物业公司所在地的区物业行政主管部门投诉，由其责令物业公司限期改正，逾期仍不改正的，物业行政主管部门应作为不良经营行为记入企业信用档案，并予以通报批评。第四十三条规定，如果开发企业拒绝向接手的物业公司，或者未选聘上的物业公司拒绝向业主委员会交接材料的，物业行政主管部门可按照《物业管理条例》第五十八条的规定，处以1万元至10万元的罚款。

走出“业主不交费 物业不服务”的怪圈（上）

54. 业主拒交物业费，理由五花八门

问：在物业活动中，“业主不交费，物业不服务”是干扰物业活动正常进行的巨大障碍，也是一个怪圈。请谈谈怎样走出“业主不交费，物业不管理”的怪圈。

答：“业主不交费，物业不管理”的现象在全国各地都普遍存在。法律法规的滞后，物业公司和业主对物业管理、物业收费的各自片面理解，以及有些做法的偏激，都是形成这个怪圈的重要原因。

问：那就请您分别讲一下。

答：一般封闭的小区都有物业公司管理，也都有收费的项目，但不管物业管理得多么认真，物业服务得多么周到，也都有一些业主拒交物业费。调查其原因，可以说是千奇百怪，五花八门。1. 物业管理有瑕疵。主要是保洁、保安、绿化、亮化等几大项服务没做好。如：小区进了小商贩，草坪里乱七八糟，小区照明的坏灯泡更换的不及时等等，都是业主拒绝交费的原因。2. 开发公司遗留的问题没及时解决。水、电、煤气出现的问题甚至房屋格局设计得不合理，都可以不交费。3. 有些业主对个别问题的处理不满意。如家中被盗，老人小区跌倒，邻居的装修影响了休息，私家车在小区内随意停放等等，这些也是有些业主不交费的理由。4. 门市房对业主生活有影响。饭店窜异味，歌厅有噪音，小超市太喧杂，更是重要原因。5. 租房户只给房主交房租，物业费由房主交，房主出国找不着了，租房户也不交。6. 房屋空置。房屋一直闲置没住人，房主认为自己没接受服务，因此不交费。7. 拒绝服务。有的业主说，“这个物业公司比某某物业公司差多了，我不同意他们服务，所以我不交”。8. 相互影响。有的业主认为，“物业公司对不交费的业主无可奈何，他们不交费也享受物业服务对我是不公平的，所以他们不交我也不交”。9. 还

有十分荒唐的理由。有一个拒绝交费业主的理由竟然是算卦人告诉他，不和姓黄的人做生意，而他居住的这个小区物业公司的经理就姓黄，他觉得为了自己生意发达不破财运，所以不交物业费。如此等等，不一而足。

问: 我觉得这些不交费的原因，有的似乎有点道理，有的是牵强附会，有的干脆就是拿着不是当理说了。那么，产生这些拒绝交费的原因是什么呢?

答: 原因是多方面的，主要有以下三点：1. 缺乏市场经济意识。从某种程度来说，业主交纳物业费，就是从物业公司那里购买服务。有的业主不交物业费就想得到服务，或者交很少的物业费就想得到很优质的服务，这是一个原因。2. 缺乏法律意识。《物权法》第七十八条规定，业主大会或者业主委员会的决定，对业主具有约束力。比如业主大会或者业主委员会根据市场情况的变化做出调整物业费的决定，这是根据多数业主意见做出的，而少数持反对意见的业主就是不执行。缺乏对拒不执行业委会业主的纠正手段，这是第二个原因。3. 业主缺乏自主意识。南京理工大学经济管理学院教授朱宪辰说：“不交物业费或者抵制物业费上涨的行为是缺乏自主意识的典型表现，小区没有管理好，重要一点在于业主自己没有合格履职。”没有认识到，做一个合格的业主最基本一点就是履行交纳物业费的义务。

走出“业主不交费 物业不服务”的怪圈（中）

55. 出发点不同，形成恶性循环怪圈

问： 物业公司有很多服务不到位的表现，您能举一些例子吗？

答： 比如：1. 减少服务内容，降低服务标准。如保安由10人减至6人，楼道由每天扫两次改为扫一次，园区绿地干脆放弃保养，小区每天24小时巡视变为每天巡视两次，等等。2. 侵占业主利益。改变业主会所性质用于赚钱，出租小区公用设施，在公用部位做广告等等。3. 对公共设施不及时维修。园区照明灯坏了，不修；电子门坏了，不修；甚至门禁坏了都不修……总之，不管什么坏了，凡是动钱的都免谈。4. 对个别业主违规的装饰装修现象不作为。有的业主砸掉承重墙装修，有的业主把卫生间挪到了楼下卧室的上面，有的业主堵塞了排风烟道，对于这些业主明显的违章行为，干脆睁一只眼闭一只眼。5. 对危险区域未尽到告之义务。开春楼顶结冰溜子，冬天小区道路结冰，高层外墙瓷砖脱落，对于这些在一阶段内都存有危险的现象，仅在开始时立一个警示标志，以后就放任不管了。所有这些现象，有的是物业公司消极的行为，有的则是故意使出的怪招。

问： 物业这样做会产生什么样的后果？

答： 会形成恶性循环的怪圈。所有的物业公司都把收费当成物业服务活动的出发点和归宿，收费减少的直接后果就是服务内容的减少和服务质量的降低，而这样做则引起更多业主的不满，致使更多的业主不交费，互为因果关系，恶性循环，形成了“业主不交费→物业不服务→更多业主不交费→物业愈发不服务”的怪圈。这种恶性循环形成的怪圈是在全国各地物业普遍存在的毒葩。这个毒葩干扰着物业活动的健康发展，影响着业主的正常生活，应在大力铲除之列。

问： 形成这个怪圈的原因是什么？

答：思想认识的滞后是根本原因。中华人民共和国成立以来，居民住宅都是政府或单位作为福利分配的，租金只是象征性地收取，房屋的各种服务和修缮也是免费的。这种情况延续了近五十年，直到1997年下半年在全国范围内实行住房制度改革，这种情况才逐渐终止。但是在人们掏尽了腰包住入新房之后，再拿出钱来向物业公司交物业费，就跟人们头脑中几十年来形成的固有观念发生了激烈的碰撞，所以业主不愿意交，思想上有强烈的抵触情绪。而物业服务公司作为实施住房制度改革后兴起的新兴产业，几乎所有的行为都是为了挣钱，并且千方百计地降低成本，而这种降低成本的做法大都是在服务内容与服务方式上做文章的。

问：这是两个水火不相容的观念在同一项工作中博弈，各自按照自己的思维活动，碰撞是必然的。那么都有什么原因呢？

答：归纳起来有以下几种原因：1. 对业主和物业公司签订的合同认识不同。物业公司认为，我是管理者，业主是被管理者，你得听我的。业主则认为，我是小区主人，你是我雇来为我服务的，你得听我的。谁都认为自己是老大，后果自然是裂痕越来越深。2. 在物业服务过程中，各自的期望值的错位。不少物业公司的老板看到开发企业黄金滚滚，期望物业企业也能挣个盆满钵满。但在实际中物业利润却比较微薄，这样就不择手段不计后果了。而不少业主则认为，我交了物业费，物业公司就得提供尽善尽美的服务，容不得半点瑕疵。3. 方法简单。业主对物业服务不满意的最简单的发泄办法是拒交物业费，而物业公司的对抗办法也很直接，有的是制造麻烦或不发门禁，有的则是告上法庭，跟业主在法庭上对话。

走出“业主不交费 物业不服务”的怪圈（下）

56. 走出怪圈需要双方互让互谅

问： 怎样才能走出“业主不交费，物业不服务”的怪圈？

答： 我认为，可以考虑从以下几点入手：

1. 转变观念。无论是业主还是物业公司，都应当认识到，在物业服务活动中，双方法律地位都是平等的。在民法中，双方是经济民事主体关系；在合同法中，双方是委托和被委托关系；在劳动法中，双方是等价交换关系。总之，双方一切活动都应当遵循物业服务委托合同中的约定，不存在谁强谁弱的问题，这样出现问题也能够心平气和地对待。

2. 端正认识。这里有两个清醒认识。对物业公司而言，应当清醒地认识到，物业服务企业是服务型企业，绝大部分的资金收入均来自业主交纳的物业费，要提高收入，只有增加服务内容，提高服务质量这两个办法，别无他路。业主也应当清醒地认识到，现在物业服务遵循的是“谁享受，谁受益，谁承担”的原则，只接受服务不承担费用是不现实的。

3. 加强沟通。虽然物业和业主都在一个物业区域内工作生活，但也大多是见面的寒暄或客套话，基本上没有深入的交谈和更多的了解，这就形成了彼此间表面的热情而实质的陌生。2012 年 10 月，我市一家法律机构处理了某物业公司诉其服务的小区 36 名业主拖欠物业费的案件。开庭调解时，原告和被告都畅所欲言，话说开了，憋在肚里的气也吐出来了，彼此都感到很轻松。双方达成的共识是，物业服务有瑕疵，但业主一分钱物业费不交也不对。在主导者的主持下，竟有 31 名业主和物业公司达成调解，交纳拖欠总额 60%~80% 的物业费。物业公司负责人深有感触地说，早跟业主聊一聊，问题早就解决了。业主也很感慨，物业公司为小区操了这么些心，这么多的地方都得花钱，不说还真不知道。经常沟通不但能够交流情况，还能够增进感情，对于解决矛盾是非常有利的。

4. 公开账目。有的业主认为，一平方米的建筑面积就收一块多的物业费，整个小区得收多少钱，也没看到物业干什么活，净收钱了。物业公司则抱怨说，物业收费本来定的就不高，人工、材料经常涨价，还有那么多不交费的，捉襟见肘，能保本就不错了。虽然法律上没有物业公司必须公开账目的规定，但南方一些城市提倡的物业公司晒账本的办法，却是可以借鉴的。物业晒账本的做法增加了物业费的收支透明度，取得了业主的信任，物业收费率大幅度提高，物业管理水平明显改善的良好效果。可以说，适时公开物业账目是有利于业主监督，减少不必要的猜疑，预防纠纷，化解矛盾的良方。

问：你说的这些都有一定的道理，那怎么样才能做到呢？

答：三点建议。一、建议物业服务企业经常学习，认真贯彻《物业管理条例》，把《物业管理条例》作为物业服务管理工作的指导方针，落实在每一个具体的工作中。二、由市住建委牵头，汇同新闻媒体，通过各种形式长时间不间断地反复宣传《物业管理条例》知识，在广大业主中形成逐步了解、加深认识、不断接受、自觉执行的过程。三、逐步完成与《物业管理条例》配套的规章制度，使其在贯彻落实的过程中更有针对性，便于操作。

问：针对物业公司服务中存在的种种问题，有的人考虑小区管理“业主自治”的可能性，讲讲这方面的问题好吗？

答：《物权法》第八十一条规定：“业主可以自行管理建筑物及其附属设施，也可以委托物业服务企业或者其他管理人管理”。这实际上明确了三种物业管理模式，业主自治并没有法律障碍，但具体操作仍可能面临不少问题，比如上缴物业费的税收问题；业委会并非法人，在民事纠纷中的法律地位问题，这些都让业主自治在实际操作中无章可循。目前也有极少数小区采取业主自治的模式进行管理，有了一些经验和教训，但由于业主自治目前并没有成熟的自治模式和配套政策，还需要进一步探索实践。

57. 住宅小区共用部位和共用设施的广告收入归谁所有?

问: 我居住在市内某封闭小区，最近看到在小区的电梯内、大堂上、小区门旁的铁栏栅上都出现了一些经营性广告，一问才知道是物业公司同意设置的，而业主和业主委员会都不知道这回事，大伙为此议论纷纷。物业公司有权这么做吗?

答: 物业公司在未征求业主委员会同意的情况下，擅自在住宅小区发布经营性广告的现象比较普遍。首先，我明确地指出，物业公司这么做是不对的。如果这些广告都设置在住宅小区的共用部位、共用设施上，那么根据《物业管理条例》第二十七条，业主依法享有的物业共用部位、共用设施设备的所有权或者使用权的规定，这些地方的权属当然归全体业主所有。

问: 既然小区的共用部位、共用设施权属归业主所有，那么物业公司可以擅自使用吗?这种行为在法律上有什么规定?

答: 国务院《物业管理条例》第五十四条:“利用物业共用部位、共用设施设备进行经营的，应当在征得相关业主、业主大会、物业服务企业的同意后，按照规定办理有关手续”。这条法律主要明确了一点，就是使用小区的共用部位、共用设施发布广告必须经过业主大会或业主委员会的同意，这是前置条件。如果没有这个前置条件，其行为就是违法的。

问: 对于物业公司的上述违法行为，法律上是怎么纠正或制裁的呢?

答:《物业管理条例》第六十四条，擅自利用物业共用部位、共用设施进行经营的，由县级以上房地产行政主管部门进行处罚。对个人的，处1000元以上1万元以下的罚款；对单位的，处5万元以上20万元以下的罚款。应当说，国家法律对这种违法行为的制裁还是很严厉的。

问：但物业公司说，由于物业费制定得比较低，广告费的经营收入都用来补充物业管理费用的不足了，这个说法合理吗？

答：当然不合理了。最高人民法院《关于审理建筑物区分所有权纠纷案件具体应用法律若干问题的解释》（法释 <2009>7 号）第十四条规定："对于擅自在共用部位、共用设施上进行经营性活动的行为，权利人请求行为人将扣除合理成本之后的收益用于补充专项维修资金或者业主共同决定的其他用途的，人民法院应予支持"。从上述规定可以看出，国家法律对于已经发生的广告收入，处理还是很通情达理的。对于广告收入的合理成本就包括行为人的合理利润。剩余金钱可以用来补充专项住宅维修资金及业主决定的其他用途，但不可以补充物业费。这条法律主要明确了业主对于经营性广告收入的决定权。

问：物业公司的广告收入叫什么钱呢？

答：叫"不当得利"。

问：为什么把物业公司占有经营性广告收入称之为"不当得利"呢？

答：我国法律对于"不当得利"的规定只有两条，应当说是比较少的。《民法通则》第九十二条："没有合法根据，取得不当利益，造成他人损失的，应当将取得的不当利益返还受损失的人。"《最高人民法院关于贯彻执行〈中华人民共和国民法通则〉若干问题的意见（试行）》第一百三十一条规定："返还的不当利益，应当包括原物和原物所生的孳息。利用不当得利所取得的其他利益扣除劳务管理费用后，应当予以收缴。"《民法通则》对不当得利的构成要件和法律结果做了原则性的规定，司法解释对不当得利的返还标的、返还范围也做了较为具体的规定。物业公司把在小区的共用部位、共用设施的经营性广告收入占为已有，就是拿了应当属于业主的钱，所以应当返还给业主。

58. 购买商品房，不缴住宅专项维修资金行不行?

问: 我最近买了一套商品房，在办理房屋入住手续时，开发商让我缴纳一笔近万元的“住宅专项维修基金”，我问办理入住手续的工作人员这是什么钱，他解释了一通，但也没说明白。这是不是搭车乱收费？不缴纳行不行？给我们讲讲什么是住宅专项维修资金？

答: 住宅专项维修基金（以下简称“维修资金”）是国家在取消福利分房，实施住宅实施商品房供应之后，由开发商替房地产行政主管部门代收的一笔购房款以外的资金，主要用于住宅共用部位、共用设施设备保修期满后的维修和更新、改造，与乱收费无关。由于这笔资金的重要作用，2007 年 12 月 4 日，建设部、财政部为此联合下发了《住宅专项维修资金管理办法》（建设部令 165 号），用来规范商品住宅、售后公有住房住宅专项维修资金的缴存、使用、管理和监督。

问: 住宅共用部位是指哪些地方呢？

答: 《住宅专项维修资金管理办法》第三条第一款：本办法所称住宅共用部位，是指根据法律、法规和房屋买卖合同，由单幢住宅内业主或者单幢住宅内业主及与之结构相连的非住宅业主共有的部位，一般包括：住宅的基础、承重墙体、柱、梁、楼板、屋顶以及户外的墙面、门厅、楼梯间、走廊通道等。

问: 共用设施设备是指哪些地方呢？

答: 《住宅专项维修资金管理办法》第三条第二款：本办法所称共用设施设备，是指根据法律、法规和房屋买卖合同，由住宅业主或者住宅业主及有关非住宅业主共有的附属设施设备，一般包括电梯、天线、照明、消防设施、绿地、道路、路灯、沟渠、池、井、非经营性车场车库、公益性文体设施和共用设施设备使用的房屋等。

问：有的业主在楼顶养花导致房屋漏水，有的业主打坏了小区道路的路灯，有的业主装修房屋损坏了供热设置，这些地方都属于共用部位或共用设施设备，能使用“住宅专项维修资金”吗？

答：不能。《住宅专项维修资金管理办法》第二十五条规定，由专业公司承担的供水、供电、供气、供热、通讯、有线电视等管线和设施设备的维修、养护费用，不能使用“维修资金”；因为他人或业主人为损坏住宅共用部位、共用设施设备所需的修复费用，也不能使用“维修资金”。

问：业主使用维修资金有什么权力？

答：《住宅专项维修资金管理办法》第二十二条规定，使用住宅专项维修资金，应当有占建筑总面积三分之二以上的业主且占总人数三分之二以上的业主讨论通过使用建议。

问：如果我是那不同意使用的三分之一业主，坚持不缴纳“维修资金”行不行？

答：不行。这里有两点应当清楚：1.使用“维修资金”是业主委员会根据大多数业主的决定做出的，《物业管理条例》第十二条第四款规定，业主大会或者业主委员会的决定，对业主有约束力。虽然你不同意缴纳“维修资金”，但作为小区的业主，你应当执行业主委员会关于使用“维修资金”的决定。2.法律不支持你拒绝缴纳“维修资金”的行为。2016年9月19日，最高法院公布了第十四批指导性案例，其中65号就是“上海市虹口区久乐大厦小区业主大会诉上海环亚实业总公司共有权纠纷案”。最高法院认为，旨在明确缴纳专项维修资金是业主为维护建筑物的长期安全使用而应承担的一项法定义务，业主拒绝缴纳专项维修资金，人民法院不予支持。人民法院的判决有利于促进业主自觉履行依法缴纳专项资金义务，有利于保障建筑物长期安全使用和广大业主的共同利益。

59. 关于物业公司收费、服务和门窗维修的对话

问：我居住的小区是2008年入住的，物业费1.00元/平方米，已过了九年的时间，物业公司说现在费用难以维持，要涨价，你说这事对不对？

答：是否应当调整物业费，要看物业费的支出是否合理。2003年11月23日，国家发改委和建设部联合下发了《物业服务收费管理办法》（发改价格〔2003〕1864号），对物业收费的相关问题进行了规范。第十一条："物业服务成本一般包括以下部分：1.管理服务人员的工资、社会保险和按规定提取的福利费等；2.物业共用部位、共用设施设备的日常运行、维护费用；3.物业管理区域清洁卫生费用；4.物业管理区域绿化养护费用；5.物业管理区域秩序维护费用；6.办公费用；7.物业管理企业固定资产折旧；8.物业共用部位、共用设施设备及公众责任保险费用；9.经业主同意的其他费用。"在上述支出项目中，很多不是固定的，比如物业服务人员的工资和福利，绿化养护费用等，都随着市场变化。物业要调整物业收费，必须把上述九项支出情况向业主说清楚，取得广大业主的理解和支持。

问：住宅物业费是否执行政府指导价？

答：2015年1月7日，国家发改委下发了《关于放开部分服务价格意见的通知》（发改价格〔2014〕2755号），在明确放开的七类服务类价格中，物业服务费列在其中，即"物业服务企业接受业主的委托，按照物业服务合同约定，对非保障性住房及配套的设施设备和相关场地进行维修、养护和管理，维护物业管理区域内的环境卫生和相关秩序的活动等向业主收取的费用。"发改委是国务院价格行政主管部门，根据这个文件规定，现在物业费的调整应放开限制，按照双方签订的物业服务委托合同约定执行。

问：虽然物业收费放开了，但物业的服务内容不能因此随心所欲，怎么干都行吧？

答：物业服务涉及业主切身利益，法律规定明确。《物业管理条例》第三十四条规定："业主委员会应当与选聘的物业公司订立书面的物业服务合同。物业服务合同应当对物业管理事项、服务质量、服务费用、双方的权利义务、专项维修资金的管理和使用、物业管理用房、合同期限、违约责任等内容进行约定。"这是法律的要求，各个小区的物业服务合同也可能有点区别。

问：我买的是清水房，但入住时地热是铺设好的，窗户也是双层密闭的，现在地热渗水，双层窗户漏气，应由谁维修？

答：要看什么时间坏的。《房屋建筑工程质量保修办法》（建设部令 80 号）第七条规定了房屋不同位置的保修时间和责任主体。屋面防水工程有防水要求的卫生间、层间和外墙的防渗漏为 5 年；供热与供暖系统为 2 个采暖期；电气系统、给排水管道设备安装为 2 年；其他项目的保修期限由建设单位和施工单位约定。

问：从什么时间开始计算保修期？

答：从领房屋钥匙那天开始。

问：那谁支付维修费用呢？

答：《房屋建筑工程保养办法》第十四条："在保修期内，因房屋建筑工程质量缺陷造成房屋所有人、使用人或者第三方人身、财产损害的，房屋所有人、使用人或者第三方可以向建筑单位提出赔偿要求。建设单位向造成房屋建筑工程质量缺陷的责任方追偿。"也就 是说，在保修期内，房屋上述部位出现问题，由开发商负责维修。而一般城市向业主下发的《住宅质量保证书》都规定，门窗翘裂、五金件、卫生洁具保修期为一年。供暖系统保修期为一个采暖期。过了保修期之后，房屋的上述部位出现了问题，业主就得自掏腰包了。

60. 业主委员会不能擅自解聘物业服务企业

问：我们小区是2008年入住的，管理小区的叫银胜物业管理有限责任公司（化名，以下简称银胜物业公司），从业主入住至今都是这个物业公司管理。银胜物业公司管理得还算可以，小区的保安保洁、园林绿化、秩序维护、治安巡逻、公共设施维护等方面做得都比较到位，大多数业主也比较满意，所以业主委员会成立之后就与银胜物业公司签订了《物业服务委托合同》，合同现在履行过程中。但是前几个月业主委员会换届之后，就宣布解除与银胜物业公司的合同，并引入了另外一家物业公司。现在两家物业都在小区内，各行其是，业主无所适从，小区现在也比较混乱，您说这事儿怎么办？

答：《合同法》第八条："依法成立的合同，对当事人具有法律约束力。当事人应当按照约定履行自己的义务，不得擅自变更或者解除合同。依法成立的合同，受法律保护。"在《物业服务委托合同》未到期的情况下，业主委员会单方面终止与银胜物业公司的服务合同是违法的。

问：那是不是说，只要双方当事人签订了合同，就不能单方面终止呢？

答：也不是。《合同法》第九十四条，"有下列情形之一的，当事人可以解除合同：（一）因不可抗力致使不能实现合同目的；（二）在履行期限届满之前，当事人一方明确表示或者以自己的行为表明不履行主要债务；（三）当事人一方迟延履行主要债务，经催告后在合理期限内仍未履行；（四）当事人一方迟延履行债务或者有其他违约行为致使不能实现合同目的；（五）法律规定的其他情形。"按照上述法律规定，银胜物业公司只有出现了上述条款之一的情况，并经业主大会决定，业主委员会才能单方面提出解除合同的请求。

问：提前解除《物业服务合同》为什么这么麻烦呢？

答：主要有两点。1. 业主委员会与物业公司是签订了《物业服务委托合同》的，即缔约的双方在履行中必须受合同条款的限制，严格遵守切实履行，这是在市场经济的条件下，对契约精神的尊重，也有助于培养和推动社会上诚实信用的精神。2.《物业服务委托合同》内容都是关系到广大业主切身利益的，在合同履行中除非有重大事故和《合同法》第九十四条那样严重违约行为，否则不宜轻率地解除合同。

问：如果业主委员会不按法律规定办事，那该怎么办？

答：那样业主委员会的行为就违反了法律规定，《物业管理条例》第十九条，业主大会、业主委员会做出的决定违反法律、法规的，物业所在地的区、县人民政府房地产行政主管部门或者街道办事处、乡镇人民政府，应当责令限期改正或者撤销其决定，并通告全体业主。

问：政府部门为什么干预业主委员会的决定呢？

答：这是正常的行政管理。《物业管理条例》已经颁布十几年了，从实施贯彻的实践看，有时业主委员会可以左右业主大会的意见，也偶有明显违反法律、法规的现象，业主委员会在物业服务履行期间，擅自解聘物业服务企业，就是明目张胆违背法律法规的行为，有关行政主管部门依法进行管理，实质是维护了广大业主的根本利益。

61. 这些借口不能成为拒交物业费的理由

问： 现在大部分物业公司做的都比较好，小区里的保安、保洁、房屋维修等工作也都可以。但有些事情物业公司却是推诿不管，很多业主认为这是物业公司服务不到位，所以拒交物业费，请你给评判一下。

答： 物业公司哪些服务不到位？

问： 张某是顶层的业主，购房时开发商向其赠送了楼顶露台，张某在露台上养了很多花卉。其下层孟某发现棚顶漏水就来找张某理论。张某认为，浇花时洒在地上水很正常，但能漏到楼下说明露台设计有缺陷，与自己无关，并要孟某找物业公司解决，物业不解决就拒绝交物业费。这个说法对吗？

答： 如果张某认为露台漏水属于设计缺陷，就应当举出相关证据，否则法律不予认可。《最高人民法院关于审理建筑物区分所有权纠纷案件具体应用法律若干问题的解释》第二条第二款规定：“具有利用上的独立性，可以排他使用；规划上专属于特定房屋，且建设单位销售时已经根据规划列入该特定房屋买卖合同中的露台等，应当认定为物权法第六章所称专有部分的组成部分。”根据上述规定，在一般情况下，楼顶属于公共部位，但本案中的露台由开发商交给张某后，就由张某单独使用，已形成于其他区域相独立的部分，应认定为张某使用的专有部分。根据法律规定，张某负有维修保养义务，也应当对露台进行维修并赔偿孟某的经济损失，张某以此拒交物业费也是不对的。

问： 有的业主收房之后一直没有入住。前几天入住时，物业跟这个业主索要没入住时的物业费。业主认为，未入住也未享受到物业服务，所以不应当交物业费。物业则说，你接收了房子就应当交费。请你给评评谁有道理。

答：虽然这个业主的想法有相当的代表性，但并不正确。物业公司让业主入住时即为小区配置了管理人员、保安、保洁、绿化养护和设备维修人员，也提供保安、保洁、绿化养护、房屋及配套设施养护管理等服务，保证水、电、暖、汽、有线电视等的正常运行。无论业主是否入住，物业管理企业都在履行职能，人力成本、管理成本都已经产生，客观上业主已经享受了服务，所以应当交纳物业费。

问：这个说法有法律依据吗？

答：《最高人民法院关于审理商品房买卖合同纠纷案件适用法律若干问题的解释》第十一条规定："对房屋的转移占有，视为房屋的交付使用，但当事人另有约定的除外。"这就是人们常说的"交钥匙"，只要买受人接收了房屋，开发商就完成了房屋的转移占有。至于业主什么时间实际入住，那是业主个人安排，并不能改变房屋已经由业主实际占有和物业公司已经提供服务的事实，所以业主应当交纳物业费。

问：高层住宅一楼业主不坐电梯，还用交电梯费吗？

答：这也是高层住宅许多居住一楼业主的困惑。《物权法》第七十条规定："业主对建筑物内共有部分享有共有和共同管理的权利"，可证明法律规定物业公司的服务是面向全体业主的。如果物业公司免除了一楼业主的电梯费，那么就损害了其他业主的合法权益，损害公众利益。《物权法》第七十二条规定："业主对建筑物专有部分以外的共有部分，享有权利，承担义务，不得以放弃权利不履行义务"。电梯系小区的公共资源，属于全体业主共同所有，无论是住在高楼层还是低楼层，每一位业主都有使用电梯的权利，同样必须承担起维护电梯正常运行的义务。一楼业主应当交纳电梯费，这是由公共服务的性质决定的。就像我们乘坐公交车，不能因为车上没有座位就不交或者少交乘车费。一层业主认为自己不属于受益人，拒绝交纳电梯费的理由是没有法律依据的。

问：还有其他法律规定吗？

答：《最高人民法院关于审理物业服务纠纷案件具体应用法律若干

问题的解释》第六条规定："物业服务企业已经按照合同约定以及相关规定提供服务，业主仅以未享受或者无须接受相关物业服务为抗辩理由的，人民法院不予支持。"这个法条明确告诉人们，如果物业公司为此提起民事诉讼，要求一楼的业主支付拖欠电梯费用的话，一般是能够胜诉的。

时事新政篇

SHISHI XINZHENG PIAN

62. 你家的住宅是七十年的房屋产权吗?

问: 最近，网络和新闻媒体把温州市土地出让金续期的事炒得沸沸扬扬，给我们讲讲是怎么回事吧。

答: 这一新闻缘由是，2016年3月，温州市民王先生买了一套二手房，过户的时候才发现房子的土地使用证只有20年，而且已经在3月4日过期了。负责这项工作的温州国土局声称：要拿到新的土地使用证，必须补缴费用来延长土地使用期限。初步估算，这笔续期费将近30万元，而这套房子总价才65.8万元。

问: 现在社会普遍认为，商品房住宅的产权就是70年，温州20年房屋产权问题让人们认识到房屋产权不一定是70年，这是怎么回事?

答: 把商品房住宅的产权认定为70年是个误区。房屋所有权属于个人财产权，是私有财产权的一种，受国家宪法保护。《城市房地产管理法》第五条、《物权法》第六十六条，更加明确了对房屋产权的保护。而出让土地使用权，是指国家以土地所有者身份将国有土地使用权在一定年限内让与土地使用者，由土地使用者向国家支付土地出让金后取得的权利。《宪法》第十条明确规定，城市土地归国家所有。1990年5月19日，国务院颁布的《城镇国有土地使用权出让和转让暂行条例》，确定了对城镇国有土地使用权实行出让制度，并明确了各种不同用途的使用年限。

问: 这两种权利有什么区别?

答: 土地使用权和房屋所有权的区别在于：房屋所有权（产权）是永久的，没有期限，只要房子不塌，这房子就一直是产权人的；房屋灭失了，这种权利就不存在了。但城市土地是国家的，项目的建设不同，租用国家土地的期限也不相同。《城镇国有土地使用权出让和转让暂行条例》第十二条：土地使用权出让最高年限按下列用途确定：（一）居住用地70年；（二）工业用地50年；（三）教育、科技、文化、卫生、体育用地50年；（四）商业、旅游、娱乐用地40年；（五）综合或者其他用地50年。

问：同样都是住宅，为什么有的土地使用权是70年，有的是50年？

答：依据建楼地块项目的规划用途。如果这个地块是商业与住宅混合类型的，则为综合性用地，那么在这个地块上建设楼房中的住宅就与商铺的土地出让年限一样，都是50年。

问：现在的《房屋所有权证》上虽然有“土地使用年限”一栏，但一般都没有填写，而《国有土地使用证》上则根本没有这样的栏目，那产权人在什么地方能看到住宅的土地使用权是多少年呢？

答：看你买房的《商品房买卖合同》。在《商品房买卖合同》的第一条“项目建设依据”中，有“该地块的土地面积”“规划用途”和“使用年限”三个印制的栏目，那些栏目中手写的内容就是你住宅土地使用的情况。一般来说，只要这栋楼底层是正式的商业用房（不是窗改门），那么这块地就是综合用地，该楼住宅的土地使用年限就和底层的商铺使用年限都是一致的，这样楼房的特点一般是临街的，而整栋楼房都是住宅的不存在这种情况。读者也可以看看自家住宅的土地使用权是多少年，我家住宅的底层是商业用房，我家住宅的土地使用权的就是50年。

问：住宅土地使用权到期怎么办？国家法律是怎么规定的？

答：这是敏感问题，但现有法律规定不一致。2007年8月30日修改的《房地产管理法》第二十一条：“土地使用权出让合同约定的使用年限届满，土地使用者需要继续使用土地的，应当至迟于届满前一年申请续期，除根据社会公共利益需要收回该幅土地的，应当予以批准。经批准准予续期的，应当重新签订土地使用权出让合同，依照规定支付土地使用权出让金。土地使用权出让合同约定的使用年限届满，土地使用者未申请续期或者虽申请续期但依照前款规定未获批准的，土地使用权由国家无偿收回。”而2007年10月1日施行的《物权法》第一百四十九条则规定："住宅建设用地使用权期间届满的，自动续期"。

问：什么叫自动续期？怎么自动续期？自动续期还交不交土地出让金？70年产权让我们觉得很遥远，而且不用70年，现在的产权人一般都去世了，那继承我们房子的子女怎么办？这是个涉及每家每户切身利益的大事，含糊不得。

答：国家现在没有住宅土地使用权到期怎样自动续期的相关规定，是法律上的空白。还应当指出，虽然住宅的土地使用权是70年，但并不是从你入住开始，也不是从你拿到产权证开始，而是从开发商取得这个地块的使用权开始，而房屋建设需要时间，所以你的住宅土地使用权一定少于70年。

问：听说国务院有关部门对住宅的土地使用权到期的问题进行了答复，给我们介绍一下好吗？

答：这个问题既涉及国务院《城镇国有土地使用权出让和转让暂行条例》第十二条"居住用地的使用权70年"的规定，也涉及《物权法》第一百四十九条，"住宅建设用地到期届满的，自动续租"的规定。这是两个法条的碰撞，所以才引起了社会广泛热议。2016年11月27日，中共中央国务院发布了《关于完善产权保护制度依法保护产权的意见》（中发〔2016〕28号），提出要研究住宅建设用地等土地使用权到期后续期的法律安排，推动形成全社会对公民财产长久受保护的良好和稳定预期。根据中央文件的精神，国土资源部制定了《自然资源统一确权登记办法（试行）》，并在2016年12月23日召开了新闻发布会。副部长王广华在这个发布会上主动爆料，针对温州当地20年住房土地使用权到期问题的请示，国土资源部和住建部会商后已经做出了回复，可以采用"两不一正常"的过渡性办法处理。

问：什么叫"两不一正常"的过渡性办法？

答："两不"就是：一、尊重《物权法》第一百四十九条的规定，少数住宅建设用地使用权期间届满的，权利人不需要专门提出续期申请，自动续期。二、不收取费用，市、县国土资源主管部门均不收取相关费用。“一正常”就是：正常办理交易和登记手续。此类住房发生交易时，正常办理房地产交易和不动产登记手续，涉及“土地使用期限”仍填写该住宅建设用地使用权的原起始日期和到期日期，并注明：“根据《国土资源部办公厅关于妥善处理少数住宅建设用地使用权到期问题的复函》（国土资厅函〔2016〕1712号）办理相关手续”。

问：为什么要采取过渡性办法？不能一步到位解决吗？

答：不能。国土资源部提出“两不一正常”的过渡性办法，是贯彻《中共中央国务院关于完善产权保护制度依法保护产权的意见》的要求的有效措施，主要考虑是便民、利民，在相关法律安排出台前，由地方根据本地实际，先解决一些群众当前面临的住房不能过户等实际问题，维护群众权益，解决行政管理部门在房地产交易和不动产登记等工作中遇到的操作难题。之所以是过渡性办法，一方面是温州这次出现的问题，牵扯面比较小，仅涉及少量住房，属于改革初期先行先试造成的个别情况，有其特殊性。另一方面是涉及的两部法律，都是与百姓生活密切相关的重要法律，修法按程序办事，需要时间，更需要进行广泛深入的调研，这样出台的法律才能既符合国情又便于操作。而现在这个过渡性办法，就是为了衔接得更平稳更有效的措施。

问：采取过渡性办法有什么重要意义吗？

答：主要是探讨中国土地制度的核心问题。房屋土地续期的核心问题，就是个人和国家之间的利益划分，或者说是税的问题、钱的问题。土地所有权保留在国家这边，可以每70年收取一次地价；如果放在个人这边，则可以名正言顺地收取房地产税。所以从根本上看，这两种方式没有本质区别，这样可以解决开征房地产税法律依据不足的问题。当然变更则需要修改相关法律，但这当中并不影响土地使用权到期房屋的交易，正是一举两得的好事。

63. 房产证即将“下岗”是误读

问： 最近微信朋友圈中疯传了一篇《房产证即将正式“下岗”》的文章，是说不动产登记制度即将开始，新的不动产权利证将代替房屋所有权证和土地使用权证，实行两证合一。还说已有北京、广州、杭州、青岛、厦门等城市均启动了不动产登记制度，并说南京、沈阳、大连等城市也正在积极推进这项制度。看到《房产证即将正式“下岗”》的文章，大家都很好奇，给我们介绍一下推进不动产登记制度的背景吧。

答： 国土资源部政策法规司副司长魏莉华表示，建立不动产统一登记制度，有利于更好地保护不动产权利人合法财产权，保障不动产交易安全，维护正常的市场交易秩序。对于保护不动产权利人合法财产权，尤其是方便企业、方便群众，具有重要意义。《物权法》第十条，“国家对不动产实行统一登记制度。统一登记的范围、登记机构和登记办法，由法律、行政法规规定”。这也是法律的规定。

问： 现在不动产登记制度进行到什么地步了呢？

答： 2014年11月24日，李克强总理签署《不动产登记暂行条例》（国务院令第656号），自2015年3月1日起施行。《条例》共6章35条。《条例》所称不动产，包括十大类登记：1. 集体土地所有权；2. 房屋等建筑物、构筑物所有权；3. 森林、林木所有权；4. 耕地、林地、草地等土地承包经营权；5. 建设用地使用权；6. 宅基地使用权；7. 海域使用权；8. 地役权；9. 抵押权；10. 法律规定需要登记的其他不动产权利。

问： 那是不是意味着我们手里的房产证马上就要“下岗”了，新的不动产权属证书即将要颁发呢？

答： 这绝对是误读。颁发新不动产权属证书，前提必须在《条例》正式实施之后。届时，对于商品房来说，新建楼盘竣工后，买受人从有关部门领取的就是“不动产权属证书”。对于存量房而言，如果房屋的权利人有变动，比如发生房屋转让、赠与、继承等情况，你到有关部门办理所有权变更手续，你上交的是原来的房屋所有权证，下发的就是新的不动产权属证书。但是，如果你在房子里一直住得稳稳当当，没有什么变化，那你手里的房屋所有权证书还是继续有效的。

问：实行不动产统一登记以后，每个公民在全国各地的不动产信息是否都能查到呢？

答：应该是。每个公民在全国范围内的不动产信息，不仅是房屋和建筑物的所有权，而且森林权、草地权及海域使用权都进行了登记。

问：那是不是我们每个人都可以查询，特别是也可以查询别人的不动产信息呢？

答：这就是人们议论的“以人查房”，通览《条例》全篇的35个条款，没有一条提到“以人查房”，现在看来，这个目的短期内不能实现。按照《不动产登记暂行条例》的有关规定，把登记资料查询人限定在权利人和利害关系人，有关国家机关也可以依法根据工作需要查询相关人员的登记资料，但不得随意泄露。

64. 怎样购买学区房，才能保证孩子正常入学？

问：为了使孩子能上重点小学，我去年花高价在某重点小学附近买了一套学区房，房主说上某重点小学“没问题”。但在签订二手房买卖合同时，内容只体现了正常的房屋买卖，只字未提孩子可到某重点小学就读的事。我们双方在去年就履行了合同，我也办下了该房的产权证。但是，去年秋季办理孩子入学时才知道，该重点小学招生政策是每户六年内只给一个入学名额，而房主的孩子还留在该校就读，我的孩子无法正常入学。我怎样通过法律途径和房主解决这件事？

答：学区房是应试教育的产物，是优质教育资源分配不均衡的结果。在当前小学就近入学的原则下，让孩子进入到重点小学就读，以保证受到良好的基础教育，是家长望子成龙的心理反映。这种心情是可以理解的，其做法也有相当大的市场。在本案中，虽然房主口头说上某重点小学“没问题”，但在二手买卖合同内容上没有表述，如果房主否认其口头承诺，就无法证明你买该房的真正目的没有实现。在这种情况之下，合同已经履行完结，房主并无违约之处，你和房主打官司既没有切入点，也很难胜诉。

问：那怎么才能避免发生这样的问题呢？

答：在以下两种条件下是可以避免的：1.《合同法》第四十五条，当事人对合同的效力可以约定附条件。附生效条件的合同，自条件成就时生效。如果在二手房买卖合同中把孩子能否入读该重点小学作为合同是否成立的条件，约定如果该条件不成就，合同不成立，卖房人承担什么责任，或卖房人赔偿多少经济损失，就可以避免这种被动情况的发生。2. 如果有证据证明房主明知学校有每个住房“六年只收一个孩子”的规定，而自己孩子也在该校就读的情况下声称“没问题”，就涉嫌该二手房买卖合同有点民事欺诈的因素。《合同法》五十四条规定：一方以欺诈、胁迫的手段或者乘人之危，使对方在违背真实意思的情况下订立的合同，受损害方有权请求人民法院或者仲裁机构变更或者撤销。第五十五条，有下列情形之一的，撤销权消灭：（一）具有撤销权的当事人自知道或者应当知道撤销事由之日起一年内没有行使撤销权；（二）具有撤销权的当事人知道撤销事由后明确表示或者以自己的行为放弃撤销权。按照以上法律规定，你可以在一年之内到人民法院行使撤销权，事情也比较好处理。

问：我还有一个朋友买了学区房落不上户口，因为房主是独身一人，他卖完房子之后就到外地打工而在本市就没有房屋了，这样就使原房主户口无法迁出，后果是我这位朋友虽然有房子但因没有户口而影响了孩子入学，这事应当怎么办？

答：这种情况在学区房买卖纠纷中比较常见。对卖房人的户籍情况不了解，在房屋买卖合同中对卖房人必须迁出户口的要求没有明确约定，这就是虽然住进了属于重点小学学区的房子，但由于没有落上户口，孩子还是不能到重点小学就读。

问：法律上有没有关于户口必须随住房保持一致的强制性规定，能不能请求派出所把其户口迁走呢？

答：房屋是公民在某个地区落户的基本条件，但是目前法律上没有卖房必须迁出户口的强制性规定，办理迁移户口的手续也只能由居民自己申请，公安机关可以进行协调，但没有权力强行让原户主将户口迁走。最好的办法是在签订二手房买卖合同时就明确约定，卖房人不及时迁出户口承担什么违约责任，或者预留一部分购房款，约定只有户口迁出后才能支付全部房款。这样就可以调动房主迁出户口的积极性，这或许是杜绝房主户口在学区房不能迁出或不愿迁出的有效办法。

65. 学区房政策可能面临重大调整

问： 我的宝宝马上就上幼儿园了，我们全家对孩子倾注了全部的爱，为了使他将来能受到良好的教育，我们准备花几十万元买一套五六十平方米的学区二手房。我们都是工薪阶层，攒这么多钱也不容易，请讲一下购买学区房应当注意哪些问题？

答： 应当注意以下三点：1. 签订二手房买卖合同时一定要明确学区房的内容，指出购买的房屋是某某重点学校招生的学区房，明确该房屋有可以进入重点学校的指标，还要约定卖房人若承诺不实将承担什么责任。2. 明确卖房人履行二手房买卖合同必须将户口迁走，保证买房人能顺利落户，为孩子进入重点学校做好准备。3. 预留一部分房款作为履行合同保证金，当购买学区房的目的有可能不能实现时，这部分保证金能够起到督促改正的作用。

问： 宝宝三周岁了，离上小学还有三年的时间，我们现在就购买学区房合适不？

答： 按照教育部在城市中推行义务教育的规定，城市的小学招生实行“划片就近入学”的政策。也就是这个划片就近入学的政策，造成了重点小学附近产生了一批固定的天价的学区房，干扰了正常的房地产交易秩序，虽经政府有关部门多次整治，始终没有明显效果。不过，现在可能要有变化了，2015 年 11 月 26 日，在教育部召开的教育规划纲要实施 5 周年系列新闻发布会上，教育部基础一司司长王定华向媒体表示，教育部正在考虑推行“多校划片”，一个小区对应多个小学、初中，让买了学区房的家庭也不确定到底能上哪个学校。王定华表示，将通过这种方式为学区房降温，同时要加大查处力度，及时曝光择校现象，把多校划片入学落到实处。

问： 把“多校划片”再讲明确一点。

答： 有关人员解读为，“多校划片”目的是能够改变“单校划片”产生的一些社会问题，把学生入读小学初中由“一对一”变成“一对多”，最终能入读哪所学校由唯一答案变成多种可能，用“电脑派位”分配学生入读的学校，由此消减学区房的优势，解决家长过分追捧学区房、中介大肆炒作学区房的现状。

问： 教育部门重新考虑学区房的安排有什么积极意义呢？

答： 教育部门是从以下两点考虑的。1. 按照现有制度，购买了名校所在学区房的小孩自然可以上名校，而普通学区的孩子只能上普通学校。但如果实行多校划片，一些买了名校学区房的孩子有可能会被分到普通学校，而普通学区的孩子则有可能分到名校。这样有利于教育资源的公平分配。2. 学区房的价格现在越炒越高，远远超出了房屋本身的市场价值，干扰了房地产市场的交易秩序，这样有利于弱化学区房的作用，维护房地产业的正常发展。

问： 教育部门为什么在这个时候突然做出上述的表态呢？根据我家的情况，现在就出手买学区房有没有风险？

答： 其实这并不突然。2015 年 3 月 31 日，教育部在大城市义务教育招生入学调研座谈会上部署，各城市要推广热点小学、初中多校划片，合理确定片区范围，缓解“学区房”问题。鼓励有条件的地区试行市域均衡，同时通过学校联盟、集团化办学、划分大学区等方式，迅速扩大优质教学资源。此外，还要整体设计小学入学、小升初及优质高中招生指标分配办法，努力实现过程公平。教育部的上述动作，表示出对“划片就近入学”这一推行了几十年的既定政策或许面临新的调整，所以你提前这么多年就购买学区房，或许多少有点风险，还是应当慎重考虑为好。

问： 教育部的这个“多校划片”政策什么时间能实施呢？

答： 还真不好说，教育部的新闻发布会是个毛毛雨，其实是做个预报，真正实施也不会有太长的时间。

66. 谈谈“封闭小区拆除围墙”的事儿

问：前几天，我听说中央已经下文件了，今后不建封闭的住宅小区，已经建成的封闭住宅小区也要逐渐拆除围墙等等，由此引发了大家的热议，怎么说的都有。给我们说说这件事吧。

答：2016年2月21日，国内各主要媒体集中报道了《中共中央国务院关于进一步加强城市规划建设管理工作的若干意见》，这是时隔37年重启的中央城市工作会议配套文件，通过一个个破解城市发展难题的“实招”和“时间表”，勾画了“十三五”乃至未来一段时间中国城市发展的具体“路线图”。《意见》从七个方面提出了加强城市规划建设管理工作的重点任务，其中在第六章“完善城市公共服务”中提到，为节约利用土地空间，将“推动街区化，原则上不再建设封闭住宅小区，已建成的住宅小区和单位大院要逐步打开，实现内部道路公共化”。一石激起千层浪，这一意见引发了社会的广泛关注和讨论。

问：这些日子各知名网站的评论都像炸开了锅一样，与城市规划有关的专家学者，城市建设及房地产业的精英大亨都迫不及待地站出来发表自己对封闭小区拆除围墙的意见，就连《人民日报》也在2月23日发表了《六问小区拆围墙：谁有权这么做？打开后安全吗？》的文章，这些都让人不知所措。那国家行政主管部门的官方意见是什么呢？

答：对于社会各界的议论，住房和城乡建设部2月25日在其门户网站做出了回应。住建部新闻发言人表示，一是街区制是对世界城市规划经验的总结，也是发达国家通行的做法；二是封闭小区和单位大院确实存在问题，主要是它影响了路网的布局，形成“丁字路”“断头路”，是造成交通拥堵的重要原因之一，进而影响了社区居民的出行。这位发言人表示，在理解和落实《意见》的过程中，要注意把握好三点：一是认真全面理解“逐步”两个字。“逐步”就是要有计划，要有轻重缓急，并不是“一刀切”，也不是“一哄而起”，更不能简单地理解为“拆围墙”。二是《意见》对这项工作提出了方向性、指导性的要求，具体实施中还要制定细则，特别是各省、各城市还要根据实际情况，制定具体办法。在制定办法过程中，肯定要听取市民意见。三是实施逐步打开封闭小区和单位大院的城市，要考虑到各种实际情况，考虑到各种利益关系，依法依规处理好各种利益关系和居民的诉求，切实保障居民的合法权益。这位新闻发言人强调，要全面准确把握《意见》的精神实质，正确理解文件的本意，不要误读。

问：能不能拆除封闭小区的围墙，怎样拆除围墙，涉及《物权法》问题，法律界是什么态度呢？

答：2016年2月23日，在颁布《最高人民法院关于适用〈中华人民共和国物权法〉若干问题的解释（一）》的新闻发布会上，有记者提出了“开放小区是否与物权法违背”的问题，最高法院民一庭庭长程新文对此回应称，封闭住宅小区是农耕时代的产物，我们现在已经处于21世纪工业化、信息化和新型城镇化的新时代，推进现代化城市建设需要我们有新的理念和探索。这些举措的目的是为了实现物和有关资源效益的最大化，符合当今世界的潮流和发展趋势。

问：但是人们更关心的拆除围墙后，涉及的小区业主有关权益将如何进行保护。

答：程新文称，目前党中央、国务院提出的这一意见属于党和国家政策的层面，涉及包括业主在内的有关主体的权益保障问题，还有一个通过立法实现法治化的过程。“作为司法机关将对此密切关注，对由此可能涉及的相关主体的权益的影响、协调和保护，将加强调研，及时研判，并进一步加强对下指导力度，积极协调有关方面妥善地处理好相关的纠纷。”

67. 从“房子是用来住的，不是用于炒的”谈炒房

问：2016年年末以来，各种媒体大肆宣传了“房子是用来住的，不是用于炒的”的提法，请给我们讲讲具体情况。

答：这是2016年12月14日至16日中央政治局在北京举行中央经济工作会议上对房地产业性质的理性定位。习近平总书记在会上发表重要讲话，分析当前国内国际经济形势，总结2016年经济工作，阐明今后经济工作指导思想。李克强总理在讲话中阐述了2017年宏观经济政策取向，对经济工作做出具体部署，并作总结讲话。会议布置了2017年的工作，“房子是用来住的，不是用于炒的”就是中央经济工作会议第四部分里提出的。

问：这部分还有什么内容？

答：第四部分叫促进房地产市场平稳健康发展。主要内容：要坚持“房子是用来住的、不是用来炒的”的定位，综合运用金融、土地、财税、投资、立法等手段，加快研究建立符合国情、适应市场规律的基础性制度和长效机制。要加快住房租赁市场立法，加快机构化、规模化租赁企业发展。

问：这部分很重要，但很多是对各级政府的要求或指示，还是谈谈老百姓关心的炒房吧。什么行为叫炒房呢？

答：人们最熟悉的“炒”字，应该就是“炒股票”吧，买了卖，卖了再买，主要通过买卖差价获取利益。而我们常说的“炒房”，它的实质是住房投机。基本特征是：买的目的既不是为了自己住，也不是为了租给别人住，而是闲置在那里等待房价涨起来后转手出售。也就是说，买的目的就是为了卖，为了获得买卖差价或增值收益，这就是炒房的定义。

问：炒房有哪些弊端，会带来什么后果？

答：住房具有居住和投资双重属性，而不是仅有投资的单一属性。

保障和保护全体居民的住房权利，是政府的责任，过分强调住房的投资属性，则会损害其居住属性。比如，炒房推高房价后，会让更多的居民难以获得住房或增加支付房款压力，会形成大量住房资源闲置，导致社会资源浪费、过量供应等等。炒房的危害很大，从这几年来房价过快上涨的城市来看，炒房带动了社会的集体恐慌，不断地、快速地推高房价，造成了房地产泡沫，也使房价严重背离了其自身价值和当地百姓的收入水平。炒房还对实体经济形成很强的挤出效应，人们不愿意投资实业，觉得干什么都不如炒房，这不仅不利于实体经济的转型升级和创新，而且会扭曲整个社会的价值观和财富观，对我国未来的总体竞争力会带来很大的负面影响。

问：怎么看待房屋的居住和投资的双重属性呢？

答：虽然住房有双重属性，但居住是住房本源第一位的属性，投资属性则是派生的属性。炒房不仅会拖累居住的基本属性、导致房价高涨，还会使得市场需求大大超过真实的居住需求，造成资源错配和严重浪费；炒房不创造任何价值，但它造成的楼市短期虚假繁荣和高额利润，导致全社会资源要素向房地产聚集和流动，严重影响实业发展。

问：用什么手段才能管住炒房呢？

答：管住炒房主要有两点：一是可以通过信贷政策加大“炒的负担”（提高贷款利率）、降低“炒的能力”（提高首付比例甚至不提供住房抵押贷款）。二是通过税收政策给炒房者“去动力”，比如炒的套数越多、交易越频繁，交易环节各税种的税率越高等。国际上，一般都会对炒房行为征收比较高的交易税和资本利得税，识别的方式主要是看该住房是否为家庭的主要住房，以及住房持有期的长短。非主要住房等，持有期在 3 至 5 年以内的，一般会面临比较重的税收。

68. “租购同权”是咋回事?

问: 最近一个新词汇刷新房地产市场成为热点,那就是房地产业的“租购同权”,听说有关部门还下发了文件,沸沸扬扬的,很是火爆。给我们讲讲是咋回事。

答: 的确如此。2017 年 6 月 30 日,广州市人民政府办公厅下发了《关于印发广州市加快发展住房租赁市场工作方案的通知》(穗府办〔2017〕29 号)。方案首次提出了中国住房租赁史上可能具有里程碑式的一条措施:租购同权。

问: 以前确实没听过“租购同权”。这是不是说,租房人和房屋产权人享有同样的权利,如果是的话,到重点学校的学区里租房居住人的子女也可以享受就近入学的政策,从而能够进入名校读书了呢?

答: 这是一般人的理解,但文件的相关规定与外界的解读有很大差异。文件规定,只有“符合条件”的承租人子女才能享受“租购同权”的政策。

问: 哪些人才算“符合条件”呢?

答: 该文件规定,有三类人的子女可以通过租房实现就近入学。1. 具有本市户籍的适龄儿童少年。2. 人才绿卡持有人子女等政策性照顾借读生。3. 符合市及所在区积分入学安排学位条件的来穗人员的随迁子女。“符合条件”就是指上述三类人员的子女。还必须指出,上述三类儿童必须具备的前提条件是,其监护人在本市无自有产权住房,以监护人租赁房屋所在地作为唯一居住地且房屋租赁合同经登记备案的。

问: 这些条件有谁来审查?具体怎么操作呢?

答: 文件没规定怎么操作,只是原则地讲了一句,此事归广州市教育局牵头,由各区教育行政主管部门制定实施细则。

问: 这么看来,这就是广州市政府的一个想法,一个目标而已,离

具体实施还很遥远。这样的规定有什么意义吗？

答：这不仅是想法和目标，“租购同权”的现实意义是很强烈的。首先，广州市户籍政策倾向于吸引人才落户，过去引进人才绕不开的坎是孩子入学问题，实施“租购同权”解开了这个难题。其次，鼓励发展现代租赁用房产业，增加租赁住房用地的有效供应，保护承租人的稳定居住权。通过对租期和租金依法进行规范，控制承租人租房成本，保障承租人长期、稳定的居住权益，使租房成为未来在城市中生活的一种重要的居住方式。再次，对于天价的学区房价格有一定的遏制作用。“租购同权”打开了另一扇孩子上名校的大门，肯定会对学区房的价格上涨有一定的遏制作用。

问：你分析的这些意义都有道理，但最令人感动的还是“控制承租人租房成本，保障承租人长期、稳定的居住权益”的政策。如果早几年有这个政策，很多家庭就不用集全家之力为年轻人买婚房了。除了广州之外，还有其他城市尝试这个政策吗？

答：2017年7月20日，住建部、发改委、公安部、财政部、国土部、人民银行、税务总局、工商总局及证监会等国务院九部委联合下发了《关于在净流入的大中城市加快发展住房租赁市场的通知》，把广州、深圳、南京、杭州、厦门、武汉、成都、沈阳、合肥、郑州、重庆、佛山等12个大中城市做为首批租赁试点城市，在外地人员落户、土地供应、资金保证、贷款、税收、经营等方面都给了许多具体的支持措施。另外，7月28日，上海市挂牌出让了两宗土地，用途就是建立租赁用房。该地块明确要求受让人建立统一的管理及服务平台，对租赁用房进行全面管理，禁止改变用途，转租及群租等违法行为。同时提出，租房者在教育、医疗、社会福利等方面享有与购房者同等的权利，这实际也是推行“租购同权”的行为。

综合其他篇

ZONGHE QITA PIAN

69. 房顶漏水，谁应当承担维修责任?

问：房顶漏水是住在顶层居民有时遇到的问题，屋里滴水或墙壁湿漉漉的，给生活添了不少麻烦，遇到这种情况找谁呢?

答：房顶漏水分为房屋质量问题、人为损坏以及防水材料老化三种情况。

问：就先从房屋质量问题说起吧。

答：对于住宅楼顶漏水的问题，法律规定得很清楚，《建设工程质量管理条例》第四十条规定，居民住宅的屋面防水工程，包括房间和外墙面的防渗漏保修时间为五年。这就是说，自你从开发商领钥匙那天起，在五年的时间内，只要出现房屋漏水的现象，开发商就应该承担维修责任。

问：有时楼顶漏水并不都是房屋质量的事，有的业主在楼顶安装太阳能热水器，也导致了房顶漏水。这个问题怎么看?

答：在楼顶上安装太阳能热水器，是一个不能简单回答的话题，概括起来叫“有条件地积极提倡”。

问：什么叫“有条件地积极提倡”?

答：第一个条件是能否在房顶安装。《物业管理条例》规定，屋顶属于公用部位，理论上说每位业主都有权使用，但各楼层业主如果要装太阳能热水器的话，必须要经过所有楼层业主的同意才行。在未经全体业主授权的情况下，擅自在楼顶安装太阳能热水器，属于对其他业主的侵权行为。根据侵权责任法的规定，侵权人应当承担对造成业主财产损失的赔偿责任。第二个条件是产品质量和安装技术。太阳能属于可再生能源，《可再生能源法》中指出：国家鼓励单位和个人安装和使用太阳能热水系统，房地产开发企业应当根据国家相应技术规范，在建筑物的设计和施工中为太阳能利用提供必备条件。应当指出，在这部法律中并没有明确规定可以在楼顶随意安装太阳能热水器。在这个法条中，确定了保证业主的生活质量和安全是安装太阳能热水器的前提条件。如果因为产品质量或安装技术问题发生漏水，即便是在五年保修期内，热水器安装者也要赔偿被水淹业主的经济损失。如果满足了上述条件，楼顶是可以安装太阳能热水器的，而且也不会漏水。

问： 如果属于楼房陈旧，防水材料老化导致楼顶漏水怎么办？

答： 住宅专项维修资金是房屋的“养老钱”，国家对这笔资金的收缴、使用和管理有专门的法律文件。《住宅专项维修资金管理办法》规定，房屋的承重墙体、楼板、屋顶及户外的墙面、楼梯间、走廊通道等部位都属于这栋楼盘的共用部位。一般在过了五年的保质期后，共用部位的日常维修养护应从物业费支出，而整体的大规模的维修和更新就应当启动住宅专项维修资金了。

问： 怎么启动住宅专项维修资金呢？

答： 有两点必须清楚，首先是住宅维修资金的用途。《物业管理条例》第五十三条规定：“住宅专项维修资金属业主所有，专项用于物业保修期满后物业共用部位、共用设施设备的维修和更新、改造，不得挪作他用”。其次是启动住宅专项维修资金的程序。《物业管理条例》有关条款规定，占建筑物总面积三分之二且占总人数三分之二的业主同意，才能启动住宅维修资金。

问： 这有点麻烦，有的业主认为，我又不住在顶层，楼顶漏水与我没有关系，所以不同意签字。

答： 这个问题实质是少数业主狭隘或自私的表现。楼顶是全楼业主共同的楼顶，出现问题需要维修时，每个业主都有出资分摊的义务，但现在法律法规没有业主必须同意的强制性规定，所以业主委员会或物业公司要对这部分不签字的业主做些思想工作，加强整体观念宣传，促进全楼业主达到三分之二同意的要求。

70. 新房装修后有刺鼻味道，我该怎么办？

问：我去年买了一套新商品房，委托一个小装修公司进行总体装修，还包括打家具。上月末工程接近尾声，我到新房去查看，一进屋就闻到了刺鼻的气味。我责问装修公司怎么回事，他们对此没有合理的解释，并和我进行了激烈争吵，一气之下，我关闭了房屋，拒绝继续施工。请问，是什么东西散发出这么刺鼻的味道？

答：经过咨询专业人士得知，在新房装修中，油漆、胶合板、PVC 板、人造板材、密度板、细木板等装饰装修材料都会散发异味气体，这些异味气体主要成分是甲醛、苯及 TVOC（总挥发性有机物）、氨气等物质，如果进屋就能感到有刺鼻子辣嗓子的气味，说明甲醛的指数至少超过国家标准在 5 倍以上。甲醛已经被世界卫生组织确定为强烈致癌和致畸形物质，而苯及 TVOC 等物质超标情况也对人体有很大的伤害。

问：这些物质会对人体造成什么样的伤害呢？

答：甲醛释放污染，会造成眼睛流泪、结膜充血发炎、皮肤过敏、鼻咽不适、咳嗽、急慢性支气管炎，亦可造成恶心、呕吐、严重时还会引起持久性头痛。2008 年 8 月，福建省福州市市民林先生夫妇携四岁女儿搬入刚装修结束不久、尚有气味的新房。2009 年 6 月，林先生的女儿出现持续的高烧咳嗽症状，经诊断为急性白血病，8 月 27 因医治无效死亡。专家认定为与新房中的甲醛有一定的因果关系。中国室内装饰协会环境检测中心 2016 年 2 月公布的数据显示：我国每年由室内污染引起死亡人数高达 11.1 万人，平均每天约为 304 人，这当中甲醛就占了很大比例。

问：那么，新房装修应当注意哪些事项？

答：现在开发企业出售的商品房大部分是清水房，入住前的装修是必需的，可从以下几个方面考虑：1. 选择有规模的知名装修公司。现在装修公司数量众多，难免鱼龙混杂。而有规模的装修公司一般都经历了市场经济的考验，不但有工作经验，而且责任心较强，对于业主装修方案的不妥之处，还能做出善意的提醒。可能知名装修公司费用相对高一些，但安全可靠，多花点钱值得。2. 使用环保材料。建设部《民用建筑工程室内环境污染控制规范》中规定，民用建筑工程（含住宅、医院、学校、幼儿园等）的装修，必须选用 E1 类材质的板材，而现在建材市场大量销售的板材，基本都是 E2 级板材，而 E2 级板材，正是产生甲醛的根源之一。3. 儿童房间中不宜做过多的塑料地板、油漆、板材装饰。现在很多年轻夫妇都在新房中留一间宝宝房间，并在室内四壁的墙上画了许多美丽的图案，还根据宝宝的特点，量身定做了一些家具或活动器材，这些寄托了家长美好愿望的房屋，但如果装修材质、胶水或油漆使用不当，可能会诱发儿童白血病。

问：既然有这么多说道，那装修后多长时间入住合适呢？

答：再环保的装修材料也有异味。建议在房屋装饰装修结束后，先采用一些消除污染的办法，比如在房间中放置活性炭，负离子发生器，吊兰、仙人掌等绿色植物进行消除，这些都是行之有效的。但最方便简单的方法还是通风，新装修的房屋至少应开窗通风 90 天以上。

问：那是不是 90 天后就没事了呢？

答：也不全是。但通风 90 天之后，一般的异味气体大部分都可以挥散发出去，这时再搬家应无大碍，但入住之后的一年之内还应每天保持通风不少于 30 分钟。

问：如果入住一年之后还有异味呢？

答：如果一年后还有异味或感觉异常，那问题就严重了，必须引起特别的重视，就应当尽快邀请市质量技术监督局所属的官方室内空气质量检测机构来实地检测。

71. 新建楼房遮光，我们该怎么办?

问: 我们家南边的一大片旧楼房最近拆迁了，新建的几栋21层高层建筑正在施工当中，看新楼的施工地基，对我们的住宅肯定是要遮光的。这是不是侵犯了我们的采光权？我们应当怎么办?

答: 采光权是公民应当享有的民事权利之一。《物权法》第八十九条规定：建造建筑物，不得违反国家建设标准，妨碍相邻建筑的通风、采光和日照。这就从法律上明确了采光权的法律地位，也对新建楼房设计和建设从法律角度提出了要求。但是，采光权是有条件的、相对的权利，而不是无限的、绝对权利。由于我国土地资源紧缺，城市房屋居住密集，现在的住宅大多数都有不同程度的遮挡阳光现象，不能要求城市中所有的房屋从早晨太阳东升到傍晚夕阳西下都是洒满阳光，也不能认为有遮光就是采光权受到了侵犯。

问: 那怎么才算是采光权受到侵害呢?

答: 因为各个城市的地理纬度不同，太阳升起的时间也是不一样的。例如，有的北方城市规定：住宅日照标准不应低于大寒日日照两个小时，旧区改造的项目不应低于大寒日日照一个小时的标准。这就从法律上对新建楼房是否侵犯了你家的采光权做出了明确的规定。如果你居住的那片楼房建于20世纪70年代初期，新建的高层建筑应属于旧区改造的范围，那么，只要在大寒那天室内累计采光满足一小时，就不能认定为你的采光权受到了侵犯。

问: 那么由谁来认定大寒日采光是多少呢?

答: 可以自己测量，但一般情况都是由规划部门所属的有资质的机构测量认定，这样具有法律效力，也比较有说服力。

问: 如果新建高层建筑侵犯了我们的采光权，为什么还会得到政府

有关部门的批准？

答：房地产市场目前是比较规范的，新的建设项目都持有完整的市政府相关部门审批手续，一般都是合法的建筑。现在的城市建设都必须服从城市总体规划的要求，如果确有新审批的建筑可能对周边房屋构成遮光的，那么建设单位必须在施工前根据相关文件的规定，提交该建设项目的《日照影响分析报告》并获得有关部门的审查批准。

问：即使建设单位有合法完备的手续，我们这些被遮挡的住户应当怎么办？总不能挡了就白挡吧？

答：这在民法上属于相邻关系的范畴。《民法通则》第八十三条规定："不动产的相邻各方，应当按照有利生产、方便生活、团结互助、公平合理的精神，正确处理截水、排水、通行、通风、采光等方面的相邻关系。给相邻方造成妨碍或者损失的，应当停止侵害，排除妨碍，赔偿损失"。这样就从法律的角度对居民的采光权在受到侵犯时如何解决确定了基本的原则。如果因用地条件限制，新建建筑遮挡周边原有住宅，被遮挡住宅达不到国家规定的日照标准，建设单位在办理规划审批手续前，必须在协商基础上通过购买、产权调换、经济补偿的方式取得利害关系人书面同意。

问：如果规划批准了，住宅被遮光的事实也不能改变了，那我们找谁去通过购买、产权调换、经济补偿等多种方式解决住宅遮光的问题呢？

答：应当先找建设单位协商解决，也可以通过政府主管部门协调，如果上述做法都不令人满意，那就只能通过法律途径解决了。

72. 债务人欠钱不还，债权人能申请执行他的唯一住房还债吗?

问：张某在半年前向我借了20万元人民币，约定两个月归还，但因生意失败，他到期未能偿还债务。我多次催要无果，就起诉到人民法院并且胜诉，法院判决其收到法律文书10天内归还本金及利息。现在10天早就过去了，张某也未履行法院判决，我能申请执行他的唯一住房抵债吗?

答：可以申请执行。《民事诉讼法》第一百条规定："人民法院对于可能因当事人一方的行为或者其他原因，使判决难以执行或者造成当事人其他损害的案件，根据对方当事人的申请，可以裁定对其财产进行保全、责令其做出一定行为或者禁止其做出一定行为；当事人没有提出申请的，人民法院在必要时也可以裁定采取保全措施。"这条法律主要出于对申请人合法债权的保护，打击社会上的老赖行为。根据《民事诉讼法》的这条规定，当张某不能偿还你的债务时，你可以依判决向法院提出执行申请，在履行保全手续后，查封张某的财产。

问：我找张某谈过执行判决的事，他说做生意失败也没有办法，可以拿他们家任何值钱的东西抵债。但他们家除了住房之外确实没有什么像样的东西。但这是他们家三口人唯一的住房。在这种情况下，我还能向法院申请查封、拍卖张某的这套住房来偿还债务吗?

答：可以。最高人民法院2015年5月15日公布《关于人民法院办理执异议和复议案件若干问题的规定》〔法释（2015）10号〕（以下简称《执行规定》），对用唯一住房偿还债务做出了明确的规定。第二十条（三）：申请执行人按照当地廉租住房保障面积标准为被执行人及所扶养家属提供居住房屋，或者同意参照当地房屋租赁市场平均租金标准从该房屋的变价款中扣除5至8年的租金。就是说，你可以依据"以远换近，以小换大，以差换好"的原则，按照房地产市场上类似住宅的价格给张某买一处房屋，也可以为张某租一套类似这样的房屋，并预先支付 5 至 8 年的租金，让张某居住。

问： 那这买房款或租房款都是谁支付呢？

答： 当然是你支付了，但这只是垫付。你可以申请法院拍卖张某的住房，你垫付的买房款或租房款都可以从拍卖款中扣除。

问： 如果张某找借口不去住怎么办呢？法院能够强制他人搬家吗？

答： 要首先征求张某的意见，如果怎么谈都不行，那你在征得法院同意后就可以自行运作了。《执行规定》第二十条第二款还规定，“执行依据确定被执行人交付居住的房屋，自执行通知送达之日起，已经给予三个月的宽限期，被执行人以该房屋系本人及所扶养家属维持生活的必需品为由提出异议的，人民法院不予支持。”这是本司法解释中最重要的条款。2004 年最高法院《关于人民法院民事执行中查封、扣押、冻结财产的规定》〔法释（2004）15 号〕第六条规定，对被执行人及其所扶养家属生活所必需的居住房屋，人民法院可以查封，但不得拍卖、变卖或者抵债。该条款在现实中逐渐演变成唯一一套住房不能被执行，这导致了众多的执行案件无法处理。本次司法解释意义在于纠偏，明确规定此类房屋可被执行，在具体条件上也做了可以操作的规定。

问： 拍卖债务人的唯一住房还债，过去从来没有过，讲讲原因吧？

答： 债权人通过法院起诉得到了支持，就是确认了这笔债权的合法性及法律的支持，也是债权人申请执行的基础。在执行程序中，人民法院保障被执行人的居住权，而不是房屋所有权。设想一下，债务人欠债不还，还在高档小区内过着悠闲舒适的生活，这是不公平的。另外，也不能容忍被执行人利用法律对他生存权的保障来逃避执行。最高法院的这个规定，就是解决这种不公平的一个办法。三个月宽限期届满后，被执行人仍未迁出的，债权人可以申请法院强制其迁出并按照相关程序拍卖。

问： 如果房屋拍卖了，我是不是就能从拍卖所得拿到张某的欠款呢？

答： 债务人的住宅经拍卖变现后，应当首先支付对其房屋评估、拍卖等程序的费用，剩余部分才能偿还你的欠款。

73.“窗改门”的住宅能办商业用房产权吗?

问: 我住的是 1996 年单位分配的公房，1998 年参加了房改，由于临街又是一楼，在当地区域经济逐渐发展之后，于 2006 年办理了“窗改门”手续，开了一间小吃部。我的小吃部不但有工商部门发的营业执照，还有卫生监督等部门发的相关手续，而且我也一直守法经营，从不拖欠任何费用。近十年来，我的房子性质已经由住宅变成商业用房了，工商局等政府部门也按商业用房管理了，为什么到产权管理部门不给变更产权性质呢?

答: 有这种疑问的人不在少数。这要从三个方面谈起。第一是不动产的性质的建房原则是“房由地定”。在某一个区域建设新的房屋，统筹考虑城市的布局安排，根据地质情况，决定可以建什么性质的房屋。第二是根据城市总体规划决定的。如果你的房屋产权证上在“用途”一栏标明是住宅，产权档案记载也一定是住宅，两者必须是一致的。建设部《房屋登记办法》第二十六条规定，房屋权属证书、登记证明与房屋登记簿记载不一致的，除有证据证明房屋登记簿确有错误外，以房屋登记簿为准。依据这条规定，房屋产权证书载明“设计用途”是住宅，就是规划已经确定的，至于你用房子开超市、开小吃部等其他用途，只是你个人怎样使用的问题，与房屋性质无关。第三是房屋“设计用途”这栏不能改变。《房屋登记办法》第二十条规定，初始登记的房屋用途应当与“规划证明材料记载一致”，这就是法定的，一般应当直至房屋灭失。

问: 住宅和商业用房有什么区别吗?

答: 由于规划确定的用途不一样，住宅和商业用房至少有三个区别。一、土地使用年限不一样。《中华人民共和国城镇国有土地使用权出让和转让暂行条例》第十二条，住宅的土地使用权年出让年限最高为

70 年，工业和科教文卫用地及其他综合用地为 50 年，商业及娱乐用地为 40 年。所以 40 年后，国家可以有权收回土地权再重新办理土地相关手续。二、建筑结构不一样。住宅和商业用房在立面设计、室内层高、建材结构等方面都有不少的差异，使商业用房更适合于做买卖。三、配套设施不一样。商业用房在水、电、气等方面的设计和配置都充分考虑了商业的用量大时间长等实际情况，在材质、管径、负荷、线路布局等方面与民用住宅有很大区别。这也就是为了保证楼房的安全，住宅在审批“窗改门”时，必须经过有关部门进行严格技术检查的主要原因。

问：如果我的房屋动迁，那在动迁补偿上和商业用房有什么区别吗？

答：住宅“窗改门”的动迁补偿和民用住宅及商业用房还是有一定区别的。国务院办公厅“国办法明电〔2003〕42 号”，《关于认真做好房屋拆迁工作维护社会稳定的通知》第四点：“对拆迁范围内产权性质为住宅，但已依法取得营业执照经营性用房的补偿，各地可根据其经营情况、经营年限及纳税等实际情况给予适当补偿”。至于补偿多少，全国各个地区的标准是不同的。

74. 我能买某省沿海半岛的海景房吗?

问: 前几天一个朋友找到我，向我介绍推销某省沿海半岛各地的海景房。什么“远离城市的喧嚣，享受自然与宁静”“蓝天、碧海、银滩”“冬无严寒夏无酷暑”“中国最宜居最舒适的地方”“国家几A级旅游城市，国家重点环保城市”，说得引人入胜，天花乱坠；还有彩色照片，花花绿绿的，让人看得眼花缭乱。另外，价格也不算贵，3000元左右/平方米，五六十平方米的小户型也有，真让我心动了。

答: 近几年来，许多地方都出现了强力宣传某省沿海半岛一些城市海景房的销售点。这些销售点花样翻新的销售手段确实很诱人，也收到了一定的效果。有的人为了投资，有的人为了养老，出于各自不同的目的买了某省沿海半岛的海景房，经过实地的考察或一个阶段的生活，结论也各不相同。我提几点意见供你参考：

一、弄清楚房屋产权的性质。现在不少海景房占用的土地不是经过招拍挂的国有土地，而是农村集体用地，开发单位不是有资质的房地产开发企业，而是几个农民或者村民委员会，这样建起的房屋不是商品房。不要轻信房屋销售网点的人的承诺保证发誓，只要看销售的楼盘有没有市级房产管理部门颁发的《商品房销售许可证》就行了，没有《商品房销售许可证》的，很可能就是小产权房。

二、看周边的配套设施。有的海景房风景确实不错，小区环境优美，房子建的也有档次，就是位置偏远，生活必需的配套设施欠缺，没有商业网点，也没有农贸市场，大多没有市区公共汽车（但有每天几趟的长途汽车），更没有饭店、医院、学校、银行，晚上小区内一片漆黑，星星点点的住宅灯光闪烁其中，俨然是一座“鬼城”。这样的房屋由于入住率极低，冬天不供暖，漫长的冬季根本不能住人。据有关媒体调查，

2014 年冬季，某省沿海城市银滩两百多家建成的住宅小区，供暖的仅有一家。

三、买现房不买期房。有的海景房销售网点推销的是这个海景楼盘的所谓“二期”“三期”，而让你看到的，却是一期的图片和资料，当然价格也可能相对便宜一些。你问开工或者竣工的时间，得到的答复都是“马上”“很快”“正在办理”等不确定的时间。退一步说，你如果下了决心要买海景房了，那至少也应该买现房，因为买现房可以看到实际的房屋，而期房则是一头雾水，不知所以。如果交房款后，期房迟迟不能交工，那时你想再提出退房，索要房款及利息的话，那好比与虎谋皮，是根本办不到的。别说利息，就是后退到要回已付房款的本金，也是非常不容易的事。

问： 销售人员讲，可以安排到现场实际考察，看满意了再买，这不也是实际了解的好办法吗？

答： 如果你确定要购买了，那么在付款之前必须到现场进行实地考察。2014 年 11 月 18 日央视某经济观察节目播出的“美丽的海景房为何成为骗购陷阱”专题报道，就全面系统地介绍了某省沿海城市海景房骗购的全部过程，看了之后，让人触目惊心，不寒而栗。你下决心买海景房之前，必须亲身到房屋所在地考察一下，看看海景房的位置、环境、交通、配套等情况，掌握第一手资料，对房屋有个面对面的全方位了解。应当提醒的是，最好不要参加当地销售网点安排的看房团队，那样非但看不到真实全面的情况，还可能受到当地销售部门安排的所谓“购房顾问”的威胁或勒索。

75. 商品房面积测绘不是政府行为

问：去年我买了一套新的商品房，产权证上建筑面积是 88.16 平方米，我也没看到有人来家里测量呀，这面积是怎么出来的呢？

答：商品房建筑面积测量的确定是由两部分工作完成的，一是房屋测绘机构的工作人员按照设计图纸，根据相应公式和技术参数进行计算。二是每栋楼抽 1 至 2 间同样户型的房屋进行实地测量，然后与计算的面积进行比对，以保证测绘面积的准确，这也是测绘人员为什么没有逐户进行测绘的原因。

问：虽然产权证上的建筑面积是 88.16 平方米，开发商发的“房产分户图”上标注的也是 88.16 平方米，可我总觉得公摊面积太大，实际使用面积不够，如果商品房产权证上的面积与实际面积有出入怎么办呢？

答：按照法律规定，你可以先与开发商沟通，请求重新测量。如果重新测量的面积确实与《商品房买卖合同》上的面积有差异，可依照《最高人民法院关于审理商品房买卖合同纠纷案件适用法律若干问题的解释》的规定处理。其中第十四条：出卖人交付使用的套内建筑面积或者建筑面积与商品房买卖合同约定面积不符，合同有约定的，按照约定处理；合同没有约定或者约定不明确的，按照以下原则处理：

（一）面积误差比在 3% 以内（含 3%），按照合同约定的价格据实计算，买受人请求解除合同的，不予支持。

（二）面积误差比绝对值超出 3%，买受人请求解除合同的、返还已付购房款及利息的，应予支持。买受人同意继续履行合同，房屋实际面积大于合同约定面积的，面积误差比在 3% 以内（含 3%）部分的房价款由买受人按照约定的价格补足，面积误差比超出 3% 部分的房价款由出卖人承担，所有权归买受人；房屋实测面积小于合同约定面，面积误差比在 3% 以内（含 3%）部分的房价款及利息由出卖人返还买受人，面积误差比超出 3% 的部分房价款由出卖人双倍返还买受人。最高法院的这个司法解释，是当前处理商品房面积纠纷最主要的法律依据。

问：开发商说，商品房的建筑面积测量是行政主管局派人测量的，本楼盘的公摊面积方案也是行政主管局批准的，言外之意就是政府行为，这又是怎么回事？

答：对于房屋测绘机构的性质，国家规定得十分清楚，2001 年 5 月 1 日施行的《房产测绘管理办法》（建设部令 83 号）就是对房产测绘行为进行综合性规范的行政规章。其中第五条规定，国务院测绘行政主管部门和国务院建设行政主管部门根据国务院确定的职责分工，负责房产测绘及成果应用的监督管理。各地区人民政府根据职责分工负责房产测绘及成果应用的监督管理。第九条规定，房屋测绘单位应当是独立的经济实体，与委托人不得有利害关系。还有许多条款都明确房屋测绘单位的性质。在这部行政规章中，政府相关部门并不实际参与对某个楼盘的管理，只是对房屋测绘单位进行资质的管理，对其违规行为进行查处。另外，房屋测绘机构和委托人之间是合同关系，它负责商品房的面积测绘，每个房屋的"房产分户图"都要有具体测绘人和复核人的签名，是要对测绘成果负责任的。这些都清楚地表明，房屋测绘机构是企业，它的行为是企业行为，跟政府行为没有任何关系。

问：既然测绘机构是企业，它和委托人之间是合同关系，那么谁是委托人呢？

答：商品房是开发商卖给业主的，开发商就是商品房面积测量的委托人。

问：如果开发商是委托人，为什么房屋测绘的费用让业主承担呢？

答：《房产测绘管理办法》第十条规定，"房产测绘所需费用由委托人支付"，开发企业把房屋测绘的费用转嫁给业主承担，是十分错误的。

76. 业主不能在楼顶饲养鸽子

问：我住的是七楼顶层，是一梯两户的格局。对面邻居有一个养鸽子的爱好。他在楼顶上搭盖了鸽棚饲养鸽子，鸽棚底部、楼顶及排水沟的边缘都散落着鸽子粪、鸽子毛。夏天开窗，难闻的气味就冲进房间；起风的时候，鸽子毛经常漫天飞舞，这些都造成了很严重的环境污染。为此，我们业主都很有意见，物业公司也劝说阻止多次，但没有什么效果，这位邻居充其量是上楼顶打扫打扫卫生而已，然后仍然如我。业主能不能在楼顶饲养鸽子？遇到这种情况怎么办呢？

答：首先，我要特别明确地告诉读者，业主不能在住宅楼顶饲养鸽子，这涉及相邻关系问题。《民法通则》第八十三条规定："不动产的相邻各方，应当按照有利生产、方便生活、团结互助、公平合理的精神，正确处理截水、排水、通风、采光等方面的相邻关系。"就是法律规定邻居相处的原则。从你的陈述中我们看到，楼顶上的鸽群经常发出噪声，会影响其他业主的休息；鸽子粪及鸽子羽毛也会散落在楼顶及排水沟中，污染了楼顶的环境卫生；鸽子群本身发出的难闻气味，也会通过楼顶的公共排风口传到其他业主的屋里，影响其他人家中的空气质量。这些现象都对邻居的正常生活造成了很大的不方便，甚至是某些方面的侵害，按照《民法通则》第八十三条第二款的规定："给相邻方造成妨碍或者损失的，应当停止侵害，排除妨碍，赔偿损失。"

问：邻居的鸽子棚在楼顶划定了界限，严格地搭建在他房间的界限内，他因此声称，"这个商品房我买下了产权，楼顶也属于我个人所有，所以我有权处置，并没有侵害其他人的利益。"这话有道理吗？

答：这话也是不对的。关于楼顶性质的认定，《住宅专项维修资金管理办法》（建设部第165号令）第三条明确规定，楼顶属该楼房的共用部位，属全体业主共有。《物权法》第七十条也规定，业主对建筑物的共有部分享有共有共同管理的权利。这些法律都清楚地表明，楼顶属全体业主所有，而不是邻居个人独有的，因此这位养鸽的业主在未经全体业主同意的情况下，无权自主决定在楼顶搭建鸽棚，这也是对其他业主的侵权行为，应当在制止纠正的范围内。

问：这个业主非常固执，不但物业劝阻没有效果，就是社区领导和业主委员会领导也都劝说了多次，还是不起作用，这该怎么办呢？

答：《物权法》第八十三条规定：“业主应当遵守法律、法规和管理规约。业主大会和业主管理委员会对任意弃置垃圾、排放污染物或者噪声、违反规定饲养动物、违章搭建等损害其他业主合法权益的行为，有权依照法律、法规及管理规约，要求行为人停止侵害、消除危险、排除妨碍、赔偿损失。业主对侵害自己合法权益的行为，可以依法向人民法院提起诉讼”。为此，按照《民法通则》和《物权法》的上述规定，你可以向人民法院提起诉讼，要求养鸽的业主停止侵害排除妨碍，也可以要求其赔偿损失。

问：业主在楼顶饲养鸽子的现象虽然是个案，但也时有发生，针对这种现象，有什么忠告吗？

答：现在城市邻里各自居住的生活空间很小，相邻一方想饲养宠物或扩展自己生活空间是非常有限的。在这种情况下，如果有的业主只图自己方便，做出影响其他人的正常生活的事情，必然酿成相邻关系纠纷。对于这种纠纷，物业公司、业主委员会、所在社区领导都应从各自角度出发，讲明任何业主想扩展自己生活空间时，应当在合理的限度内进行，并要求各方在享受权利时也承担相应的义务。应当立足于解决问题，到人民法院诉讼只是最后的无奈选择，因为你们毕竟是邻居，还要在一起过着抬头不见低头见的日子。

77. 楼上掉花盆砸车无人负责，车主可起诉全楼业主

问：我在老式散楼居住，每天晚上都把自己的车停放在北侧楼下。前天早晨六点多钟，我听到外边传来了震耳的磕碰声，跑出去一看：一个花盆正砸在车顶棚上，花盆早已支离破碎，里面只有土没有花。我向楼上张望，1~3 楼上都是塑钢封闭的阳台。而 4 到 7 楼的阳台上，几乎家家都放有花盆。我从 4 楼一直敲到了 7 楼，排除双阳户型，北侧没阳台的居民，有 12 户被怀疑掉花盆砸了我的车，可是没有一户承认，这种事情怎么办？

答：这种事情虽然是个案，但也时有发生，反映了少数居民素质的低下。就个案来讲，可以先到公安机关报案，通过警方查找肇事者，也可以要求社区进行调查，寻找有用的线索。

问：如果这些工作我们都做了，还是无人承认，那又怎么办？

答：在努力找寻肇事者的同时，如果你投了“机动车辆损失险”，也应当及时与保险公司联系，请求给予赔付。

问：这种情况在赔付范围吗？赔多少呢？

答：经向保险公司咨询，这种情况属于“外界物体坠落”的科目，可以赔付损失。一般来说，能够赔偿修车费用的 70%。

问：如果没有投“机动车辆损失险”，那么找谁去索赔？

答：情况严重的可到法院起诉。《侵权责任法》第八十七条规定：“从建筑物中抛掷物品或者从建筑物上坠落的物品造成他人损害，难以确定具体侵权人的，除能够证明自己不是侵权人的外，由可能加害的建筑物使用人给予补偿。”也就是说，这 12 户人家除非能够提供这个花盆不是自己的证明，否则就要一同被起诉，共同赔偿你车辆被砸的经济损失。

问：现在法律规定是“谁主张谁举证”，就是说我起诉某个人承担

法律责任，就应当举出这个人应当承担责任的相应证据材料。我的车辆被砸找不到人，就起诉楼上相关的业主并让其自证清白，这符合法律规定吗？

答：在现实社会中，诸如医疗事故责任纠纷、环境污染等案件中，作为弱势群体的原告而言，在此类案件中举证十分困难，案件的审理过程中原告方将可能因为不能举证而败诉，就势必会产生对原告人不公平的现象。因此，法律在特殊案件中赋予强势一方承担举证责任。《民法通则》第一百二十六条规定: 建筑物或者其他设施以及建筑物上的搁置物、悬挂物发生倒塌、脱落、坠落造成他人损害的，它的所有人或者管理人应当承担民事责任，但能够证明自己没有过错的除外。

问：对于当事人负有举证责任倒置的义务，这法律上有什么说法吗？

答：《立法法》第九十二条规定，同一机关制定的法律法规与一般规定不一致的，适用特别规定。你的这种情况叫“特别法优于普通法”，是我国法律适用的一条重要原则。如果你为此起诉这 12 名有可能致你车辆受损的居民，那么这 12 名居民就负有举证倒置的义务。

问：对这样的事情，我也很纠结。起诉可能要连累其他 11 名无辜的居民，不起诉不能给有这样恶习的人以教训。你说咋办？

答：对于楼上居民乱扔杂物或置放物品不牢固造成坠落的行为，广大市民都是反对的。对于这种现象，有写侮辱性语言的，还有诅咒的，但这都不是治本的好办法。从长远看，应当从提高居民的素质教育入手，平时就加强教育，制定爱护社区环境的居民守则，让大家有所遵循。我的意见是，起诉这 12 名有可能有责任的居民，达到揪住一件事，刹住一股歪风的目的。

78. 楼上邻居把卫生间挪到我家卧室上面，我该怎么办？

问： 我家楼上的房屋以前长期空置，上个月搬来个新住户，进来就大兴土木，到处拆改，最后竟把他家的卫生间挪到我家卧室上边了。我第一时间向他表示了不同意见，他说保证不漏，并拒绝改正。这就是我和楼上业主的矛盾，也就是产生了纠纷，请问属于什么纠纷？

答： 你与楼上邻居的纠纷属相邻关系纠纷。

问： 什么叫相邻关系？

答： 是指两个以上相互毗邻的不动产的所有人，在行使不动产的所有权或使用权时，因相邻各方应当给予便利和接受限制而发生的权利义务关系。相邻权是一种法定权利，不需要当事人的约定即可行使，其设置这个权利的目的，就是为调节相邻的不动产所有权人在行使自己权利的过程中所产生的利益冲突。相邻关系纠纷则以一方当事人的行为是否对另一方当事人构成侵权或存在很大概率过错隐患为前提。

问： 相邻关系有什么法律规定吗？

答： 《物权法》第七章就是相邻关系，本章一共九条，从用水排水、通风、采光、日照，通行、铺设管线、弃置固体废物，排放污水等几个方面都做出了具体规定。

问： 那我们家的事怎么看呢？

答： 按照国家建设部《民用建筑设计通则》的规定：“住宅卫生间不应直接布置在下层的卧室、起居室、厨房和餐厅的上层”。在本案中，你楼上的邻居擅自把卫生间挪到了你家卧室的上面，或许未必立即发生污水渗透现象，但却给楼下的住户带来了极大的安全隐患，使其产生很大的心理压力，正常生活也会因此受到影响。另外，这种行为也破坏了楼房的原始设计和使用功能。楼上邻居的做法有悖于社会公德和公序良俗，属不为广大民众的正常思维所接受的范畴之内，应当予以纠正。

问：楼上邻居后来就蛮不讲理地说，这是他自己的家，自己爱怎么做就怎么做，别人无权干涉。这话对吗？

答：这话是不对的，虽然房子是个人的，但是你居住使用必须遵守法律的规定，并尊重人们通常的生活习惯。对于住户将卫生间挪动的行为，建设部早就发文列为明令禁止的范畴。建设部 2002 年 5 月颁布的《住宅室内装饰装修管理办法》（建设部令 110 号）第五条规定：禁止将没有防水要求的房间或者阳台改为卫生间、厨房。

问：建设部规定倒是很明确，楼上邻居还是不听怎么办呢？

答：我国是法制社会，对于明目张胆不遵守规定又拒绝改正的，也有纠正处罚的办法。《住宅室内装饰装修管理办法》第三十八条规定：对于擅自将房间或阳台改为卫生间的装修人处以 500 元以上 1000 元以下罚款，对装饰装修企业处以 1000 元以上 1 万元以下罚款。由市房地产行政主管部门处罚。

问：这个事虽说不是大事，但是挺纠结，我们今后怎么对待呢？

答：俗话说，远亲不如近邻，虽然相邻关系纠纷都是小事，但却在邻居间经常发生，这不仅影响邻居的和睦相处，也干扰了人们的正常生活，所以 1988 年颁布的《民法通则》第八十三条就做出了解决相邻关系纠纷的原则性规定。2007 年实施的《物权法》对相邻关系的处理规定则更加明确，其中第八十四条规定："不动产的相邻权利人应当按照有利生产、方便生活，团结互助，公平合理的原则，正确处理相邻关系。"这就使相邻关系纠纷的解决有了法律依据，根据上述法律规定的精神，你可以和楼上邻居心平气和地沟通，指出法律法规对这种不妥做法的禁止性规定，尽量让楼上邻居自己改正，通过法律途径解决应当是最后的无奈选择。

实现自己的愿望真的很高兴
——代后记

把自己的知识和经验告诉他人，减少人们在房屋问题上的烦恼和痛苦，是我长期的夙愿。今天，当我拿到《百姓房产维权问答》样书时，才真切地感到实现心愿的愉悦，这不禁使我回想起这个心愿逐渐形成的过程：

一、为解决个人住房我付出了代价。我是1968年下乡的沈阳高中知青，后来抽调到抚顺市参加教育工作。1975年结婚时，学校把教学楼内的一间不足十平方米的理化仪器仓库借我当婚房。恢复高考时我想报名，但学校说，“你要去上学就得把房子腾出来。”那时我已经有了孩子，只得放弃高考。真正解决我个人住房的是我父亲放弃大连户口取得的。我父亲辽宁省外贸局（大连）干部，系外贸结算方面业务骨干。父亲退休时，单位领导希望他继续留在大连发挥余热，并承诺可以把我调到大连当老师来照顾他。我要是去大连，解决住房是根本不可能的。于是父亲决定从大连来抚顺落户，并通过省外贸局的领导找到当时的抚顺市委书记胡明（胡曾任大连市委书记），从落实退休干部政策的角度入手，这才解决一套近六十平方米的新套间楼房。至今回忆往事，令人唏嘘，我感到了住房是百姓生活中的头等大事。

二、工作中我看到房产纠纷对社会的危害。我 1988 年从中共抚顺市委宣传部调到市房产局仲裁法规处任处长，同时兼任市房产仲裁委员会办公室主任，负责受理全市来投诉的房产纠纷。在几十年的工作中，我看到许许多多为争夺房子而进行的“残酷”斗争：各种各样的谎言和欺骗，无情的争夺和大打出手，父子反目，夫妻离异，这些让我看到了人性中最卑劣的一面，同时深切地感受到房产纠纷对社会，对家庭的严重伤害。

三、认识到普及房产法律知识是减少或解决房产纠纷的有效途径之一。从我步入解决房产纠纷的领域之时，就一直探讨解决房产纠纷的办法。从 20 世纪 90 年代到我退休的十几年中，我陆续在抚顺的媒体上发表了大大小小几十篇文章，宣传房地产法律知识。特别从 2012 年之后，我在报纸及电台开辟了系统的以案释法为内容的《老刘评房说法》专栏，对于提高百姓的法律意识收到了良好的效果。

上述使我认识到，对于普通百姓来说，房屋是家庭经济价值很高的资产，一旦发生纠纷，对当事人及家庭甚至社会的伤害都是巨大的。而避免及减少这种纠纷，坚持从具体的一件件事例入手，梳理事由，对照法律，判断是非，反复疏导，是行之有效的好办法。责任、党性和良心一直驱使我把这方面的法律及方法介绍出去，这是我的愿望，也是出版《百姓房产维权问答》的目的。

俗语说：一个篱笆三个桩，一个好汉三个帮。能够顺利地出版这本小册子，应当感谢许多朋友的热情帮助。

首先感谢市住建委（市房产局）及市房地产业协会，特别是朱振江副主任、庞玉英会长等同志，在我发表文章的过程中，不断地对我进行指导并补充不少新的材料，使我的文章能够更接近百姓的生活，保证了文章的鲜活性和生命力，也使我能不断地克服困难，校正方向，大踏步地前进。

还要感谢《抚顺日报》的各位朋友。牛文明主任是我的老朋友，他当记者时就是跑房地产线的，我们因工作相识，在近二十年的房地产法律宣传中，他不仅搭建了平台，还提出了许多有益的意见及建议。另外，编辑靳营、王媛媛，美术编辑米健，摄影记者郑永争等同志，都为保证《老刘评房说法》的文字准确，版面的丰富和生动做出了许多额外的工作。

特别要感谢梁春雨法官。梁春雨是市中级人民法院审判委员会委员，抚顺市法律界的权威，法律功底深厚，我的良师益友。我在法律上有困惑时，总是向他请教，他也总是不厌其烦地给我正确的指导，使我有了底气。

抚顺经济开发区国土资源局副局长佟俊梅，抚顺市建筑设计院副院长刘越，吴旭明工程师等朋友都运用他们的专业知识，给了我许多有益的帮助，在此一并感谢。

《百姓房产维权问答》即将问世了，我心中或许有几分面对成果的快意。但是，百姓房产维权工作还要继续，宣传房地产法律知识的活动还要进行，从这个角度看，出版这个小册子或许是在驿站歇歇脚而已。

刘铁民

2017年11月